POLYGLOTT

FLORIDA

ON TOUR

DER AUTOR

KARL TEUSCHL

studierte Amerikanistik, Anthropologie und Phonetik. Seit über 20 Jahren bereist er die USA und Kanada. Er ist Autor diverser Reiseführer, darunter der Polyglott on tours »Kalifornien« und »Kanada – Der Westen«, von Bildbänden sowie zahlreicher Zeitschriftenartikel und Fernseh-Dokumentationen über diese Länder. Er lebt als freier Autor und Korrespondent einer großen Reisezeitschrift in München und Vancouver.

Unser E-Book-Code zur elektronischen Erweiterung des POLYGLOTT on tour. Das kostenlose E-Book enthält die im Reiseführer aufgeführten Adressen entlang der Touren, beispielsweise zu Essen und Trinken, Shoppen, Aktivitäten und Hotel-Tipps. Links auf einen externen Kartendienst vereinfachen das Auffinden dieser Adressen.

WWW.POLYGLOTT.DE

6 TYPISCH

8	Florida ist eine Reise wert
11	Was steckt dahinter?
12	50 Dinge, die Sie ...
159	Meine Entdeckungen
160	Checkliste Florida

20 REISEPLANUNG & ADRESSEN

22	Die Reiseregionen im Überblick
25	Klima & Reisezeit
26	Anreise
27	Reisen im Land
31	Sport & Aktivitäten
35	Unterkunft
150	Infos von A–Z
155	Register

38 LAND & LEUTE

40	Steckbrief
42	Geschichte im Überblick
44	Natur & Umwelt
47	Kunst & Kultur
48	Feste & Veranstaltungen
49	Essen & Trinken
51	Shopping
158	Mini-Dolmetscher

SEITENBLICK
29	Florida persönlich
33	Strände
70	Nightlife
74	Tauchen

ERSTKLASSIG
36	Spitzen-Strandhotels
50	Top-Lokale am Wasser
79	Die besten Fischlokale
97	Die besten Outlet Malls
124	Die schönste Märkte
142	Gratis entdecken

ALLGEMEINE KARTEN
4	Übersichtskarte der Kapitel
40	Die Lage Floridas

REGIONEN-KARTEN
58	Südflorida
87	Die Ostküste
118	Die Westküste
136	Der Nordwesten

STADTPLÄNE
62	Miami und Miami Beach
90	Orlando
120	Tampa Bay und Sarasota

SYMBOLE ALLGEMEIN

Erstklassig: Besondere Tipps der Autoren

Seitenblick: Spannende Anekdoten zum Reiseziel

 Top-Highlights und

 Highlights der Destination

52 TOP-TOUREN & SEHENSWERTES

54 MIAMI UND SÜDFLORIDA
- 56 Tour ❶ Auf die Keys
- 57 Tour ❷ In die Everglades
- 57 Tour ❸ Zu den Ten Thousand Islands
- 59 Unterwegs in Miami und Südflorida

82 ORLANDO UND DIE OSTKÜSTE
- 84 Tour ❹ Floridas Nordosten
- 85 Tour ❺ Durch Zentralflorida an die Gold Coast
- 86 Tour ❻ An die Space Coast
- 88 Unterwegs in Orlando und an der Ostküste

114 DIE WESTKÜSTE
- 116 Tour ❼ Am Golf nach Norden
- 116 Tour ❽ Von St. Petersburg nach Sarasota
- 117 Tour ❾ Bootstour: Cayo Costa & Cabbage Keys
- 119 Unterwegs an der Westküste

132 DER NORDWESTEN
- 134 Tour ❿ Kiefernwälder und Austernbänke
- 135 Unterwegs im Nordwesten

144 EXTRA-TOUREN
- 145 Tour ⓫ Die Highlights: Zwei Wochen durch Florida
- 147 Tour ⓬ Die Ostküste: Von Miami in einer Woche nach Orlando
- 148 Tour ⓭ Im Nordwesten: Eine Woche Strände und Südstaatenflair

	TOUR-SYMBOLE		PREIS-SYMBOLE	
❶	Die POLYGLOTT-Touren		Hotel	Restaurant
❻	Stationen einer Tour	€	(Doppelzimmer)	(Hauptgang)
📕 A1	Die Koordinate verweist auf	€€	unter 100 $	unter 20 $
	die Platzierung in der Faltkarte	€€€	100 bis 200 $	20 bis 35 $
📕 a1	Platzierung Rückseite Faltkarte		über 200 $	über 35 $

Perfekte Planung > Parallel vordere Klappe aufschlagen

TOP-12-HIGHLIGHTS

1. SOUTH BEACH, MIAMI BEACH > S. 61
2. EVERGLADES NATIONAL PARK > S. 72
3. KEY WEST > S. 77
4. WALT DISNEY WORLD, ORLANDO > S. 91
5. UNIVERSAL ORLANDO > S. 93
6. SEA WORLD ORLANDO > S. 94
7. SAWGRASS MILLS, FORT LAUDERDALE > S. 100
8. WORTH AVENUE, PALM BEACH > S. 102
9. J. F. KENNEDY SPACE CENTER, CAPE CANAVERAL > S. 106
10. DAYTONA BEACH > S. 108
11. ST. AUGUSTINE > S. 110
12. EDISON WINTER HOME, FORT MYERS > S. 127

ZEICHENERKLÄRUNG DER KARTEN

- ☐ beschriebene Region (Seite = Kapitelanfang)
- 10 E h Sehenswürdigkeiten
- 4 Tourenvorschlag
- Autobahn
- Schnellstraße
- Hauptstraße
- sonstige Straßen
- Fußgängerzone
- Eisenbahn
- Staatsgrenze
- Landesgrenze
- Nationalparkgrenze

Der 8th Street Lifeguard Stand am South Beach, Miami Beach

TYPISCH

FLORIDA IST EINE REISE WERT!

Mickymaus und Weltraumraketen, fabelhafte Strände und heißes Nachtleben, urweltliche Sümpfe und Alligatoren, großartige Kunstmuseen, verrückte Veranstaltungen und tropische Palmenkulissen überall. Dieser Reiseführer zeigt, was Florida einzigartig macht.

KARL TEUSCHL

studierte Amerikanistik, Anthropologie und Phonetik. Seit über 20 Jahren bereist er die USA und Kanada. Er ist Autor von diversen Reiseführern, Zeitschriftenbeiträgen und von TV-Dokumentationen über diese Länder. Als freier Autor und Korrespondent einer großen Reisezeitschrift lebt er in München und Vancouver.

Meine ersten Helden kamen aus Florida: Astronauten, kühne Männer, die auf feuerspuckenden Raketen ins Weltall fuhren. Dass Flipper und Micky in Florida wohnten, war mir damals auch schon klar. Mein erster Besuch vor Ort, Jahre später, hat den Jugendtraum nicht zerstört. Natürlich musste ich nach Cape Canaveral und staunte über die patriotische Show, die dort für die Besucher veranstaltet wurde. Und natürlich verliebte ich mich sofort in die Strände, die Burger und in den lässigen Lebensstil. Als Einstiegsziel für Amerika war Florida perfekt.

Seither war ich bestimmt ein gutes Dutzend Mal am Cape Canaveral, habe einem echten Astronauten die Hand geschüttelt, bin die sensationellen Achterbahnen von Orlando gefahren, durch die stillen artesischen Quellen im Norden gepaddelt und auf dem Overseas Highway 1 übers Meer nach Key West gebummelt. Und mit jedem Besuch ist mir Florida näher ans Herz gewachsen. Sicher, die hoch fliegenden Träume der NASA sind mittlerweile aus Geldgründen deutlich gestutzt, und Micky hat viel Konkurrenz bekommen – Orlando hat heute gut 50 Funparks. Parks für Filmfreunde und Tierfreunde, für Wasserfexe und auch für Bibeltreue. Es erschlägt einen fast.

Besser als am Cape Canaveral gefällt es mir heute an der ruhigeren Westküste, wo die Sonne abends feurig rot ins Meer tropft und die ideale Kulisse für einen bunten Schirmchendrink abgibt. Wunderbar ist auch Miami. Dort pocht das heiße Herz des Latino-Florida, dort gibt es die kreativsten und besten Restaurants und die schönsten Szenegänger. Ich liebe es, am Ocean Drive der schillernden Parade der Flaneure zuzuschauen, spätnachmittags im Sommer. Mächtige Wolkenberge aus den Everglades ballen sich dann

Kubanisches Restaurant mit »Mural-Kunst« in Little Havana, Miami

über der City. Es ist warm, schwül, ein kurzes Tropengewitter lässt die Straßen glänzen und die Palmen glitzern. Dann geht das Abendlicht über in die neonbeleuchtete Nacht.

Diese Sommergewitter sind typisch. Typisch dafür, dass selbst in der Millionenmetropole die Natur den Takt angibt. Es verblüfft mich auch heute noch immer wieder, wie nahe man in Florida der Natur ist, nicht nur in den Sümpfen der Everglades. Auf dem Mittelstreifen des Highways stolzieren Seidenreiher, auf dem Golfplatz liegt ein Alligator im Wasserhindernis, und nachts erhebt sich draußen vor der Veranda meines Mietapartments ein Quaken, Zirpen und Pfeifen, dass es den Fernseher übertönt.

Mit gut 20 Millionen Menschen ist Florida für amerikanische Verhältnisse recht dicht besiedelt, aber im Vergleich zum nur gut doppelt so großen Deutschland ist noch viel Platz. Auch heute zieht es mich jedes Jahr in den Sunshine State – gerne im Spätherbst oder im Frühjahr. Einige Tage Miami gehören immer dazu, dann geht's weiter auf die Keys oder an die Westküste. Auch wenn die lang gestreckte Halbinsel landschaftlich nicht umwerfend vielfältig ist, schöne Plätze am Wasser, idyllische Lagunen und hübsche Jachthäfen oder vom Palmetto-Dschungel umwucherte artesische Quellen lassen sich immer finden.

Perfekte Orte für mich zum Runterschalten. Ein morgendlicher Spaziergang am Strand, Frühstück auf der Terrasse, Wärme und Sonne garantiert – so könnte ich mir auch den Ruhestand vorstellen. Aber da wäre ich bestimmt nicht der Erste, der in Florida hängenbliebe. Die meisten Ex-Astronauten leben auch dort.

Die Seven Mile Bridge ist ein Höhepunkt des Overseas Highways zwischen den Florida Keys

WAS STECKT DAHINTER?

Die kleinen Geheimnisse sind oftmals die spannendsten. Wir erzählen die Geschichten hinter den Kulissen und lüften für Sie den Vorhang.

VOM ERDBODEN VERSCHLUCKT?

Immer wieder sieht man es in den Nachrichten in Florida: Mal ist ein Haus in ein Loch gestürzt, mal einige Autos. *Sinkhole* heißt das Phänomen, wenn sich plötzlich die Erde auftut und alles darüber von einem großen Loch verschluckt wird, bisweilen auch ein Haus. Doch das ist äußerst selten. Dolinen sagen die Geologen zu solchen Einsturztrichtern, wie sie vor allem in Zentralflorida häufig sind. Schuld daran ist Floridas Untergrund: Er ist aus verkarstetem Kalkgestein und löchrig wie ein riesiger Schwamm, voller großer und kleiner Höhlen. Wenn der Grundwasserspiegel absinkt oder z.B. nach starken Regenfällen das Gewicht des Bodens über den Höhlen zu groß wird, können sie einstürzen. Gut 6500 Schadensmeldungen wegen Sinkholes zählen die Versicherungen in Florida jedes Jahr. Und immer wenn ein Auto abstürzt oder ein Stück Straße, gibt das spektakuläre Bilder fürs Fernsehen. Aber keine Angst, die Höhlen stürzen langsam ein. Menschen kommen sehr selten zu Schaden.

WÜRGER IN DEN SÜMPFEN?

Warm ist es in den Everglades und feucht. Ein idealer Lebensraum für tropische Tierarten – auch solche, die eigentlich hier nicht vorkommen sollten, etwa Asiatische Tigerpythons und sogar auch Anakondas aus Südamerika. Beide Würgeschlangen-Arten sind heute in den weiten Sümpfen an der Südspitze Floridas heimisch. Terrarienfreunde aus den nahen Großstädten haben wohl ihre Exoten ausgesetzt, als diese zu groß wurden. Und nun können Naturschützer und Offizielle des Everglades National Park die Eindringlinge nicht mehr loswerden. Inzwischen soll es bereits mehr als 30 000 Tigerpythons in Florida geben, Ranger warnen schon vor sonnenbadenden Schlangen am Tamiami Trail. Die bestens getarnten Reptilien fressen Waschbären, Füchse, Störche und andere Vögel und sogar Alligatoren …

STEUEROASE SUNSHINE STATE?

Floridianer haben es gut, denn als einer von nur sieben US-Staaten verlangt Florida keine Einkommensteuer von seinen Bürgern. Sie brauchen nur die niedrigen US-Bundessteuern zu zahlen. Der Staat finanziert sich v.a. durch Verkaufssteuern und durch jährliche Grundsteuern. Deshalb trommelt Florida kräftig für Tourismus, Wachstum und Zuzug: Es bringt Geld, wenn Besucher einkaufen. Und wenn sie gleich oder später als Rentner nach Florida umsiedeln, hilft das auch. Dann steigen die Grundstückpreise und damit auch die Steuereinnahmen.

50 DINGE, DIE SIE ...

Hier wird entdeckt, probiert, gestaunt, Urlaubserinnerungen werden gesammelt und Fettnäpfe clever umgangen. Diese Tipps machen Lust auf mehr und lassen Sie die ganz typischen Seiten erleben. Viel Spaß dabei!

... ERLEBEN SOLLTEN

❶ Sandkastenspiele Rasen ist zwar nicht erlaubt, aber es ist schon ein besonderes Gefühl, auf dem harten Sand von Daytona Beach › S. 109 mit dem Auto zu fahren.

❷ Cool bleiben Wenn im Hochsommer die Hitze in Zentralflorida schier unerträglich wird, versprechen die vielen Spaßbäder optimale Erfrischung. Der neueste, tollste und spektakulärste Water Park ist Volcano Bay › S. 95.

❸ Schmusen mit Seekühen Im Herbst sammeln sich die Manatis im warmen Wasser von Crystal River. Dann ist die beste Gelegenheit, mit den gemütlichen Tieren zu tauchen oder zu schnorcheln. Tourenpakete samt Übernachtung und Frühstück (ab 150 $ p. P.) bietet die Plantation on Crystal River › S. 75.

❹ Piratenschätze suchen Die Zeit der Seeräuber ist auf den Keys zwar vorbei. Aber wenn man mit dem Kajak zum Indian Key übersetzt und dort die fast 200 Jahre alte

Schnorcheln mit Seekühen ist ein Erlebnis der besonderen Art in Crystal River

Geisterstadt erkundet, dann fühlt man sich fast wie ein Pirat. › S. 76.

❺ Picknick mit Musik Ein Hochgenuss für Klassikfans sind die kostenlosen »Wallcast Concerts«, die in der Saison samstags auf die Wand der New World Symphony › S. 62 in Miami Beach projiziert werden. Bringen Sie ein Picknick mit und genießen Sie die Tropennacht (Info: www.nws.edu unter »Events«).

❻ Reptilien-Radtour Wenn ein Alligator in den Reifen beißen würde, wäre die Biketour in Shark Valley › S. 59 schnell vorbei. Aber meist liegen die Lederträger friedlich am Straßenrand und sonnen sich. Einen Radverleih findet man am Nationalpark-Nordeingang (9 $/Std.).

❼ Tarzan spielen In den Silver Springs › S. 85 bei Ocala, einer der vielen artesischen Quellen Zentralfloridas, hat einst Johnny Weissmuller als erster Tarzan die Liane gegriffen. Heute dürfen Sie per Kajak die Urwälder erkunden.

❽ SUPpen in den Sümpfen Stehpaddeln (SUP) ist Trendsport in Florida. Und die Natur des J. N. »Ding« Darling Wildlife Refuge › S. 129 auf Sanibel Island gibt die ideale Kulisse dafür: flaches Wasser, bunte Vogelwelt, oft sogar Delfine.

❾ Per Achterbahn durch Afrika Adrenalinausschüttung ist garantiert, wenn Sie im Safaripark Busch Gardens › S. 121 die wilden Rollercoaster fahren. »Cheetah Hunt«, die

»Cheetah Hunt« in Tampa Busch Gardens

Gepardenjagd, lockt mit senkrechten Fällen auf 1300 m Länge.

❿ In den Sunset segeln Romantik pur ist, an einem Tropenabend in Key West den Sonnenuntergang vom Boot aus zu erleben. Am besten mit einem (Plastik-)Glas Champagner. Alles machbar und buchbar, z. B. mit Sebago Key West (205 Elizabeth St., Tel. 305-842-2170). 📕 H10

⓫ Wipfelwanderung Lassen Sie sich die Gelegenheit, einen Sumpfwald von oben zu sehen, nicht entgehen: Im Myakka River State Park › S. 126 bei Sarasota führt der *canopy walk* auf Leitern und Holzstiegen hoch in die Kronen alter Eichen.

⓬ Gespenstische Szenen Wie Horrorfilmkulissen stehen uralte Sumpfzypressen um die Wakulla Springs › S. 139 im Norden Floridas. Auf einer Bootstour sind die geisterhaft im Wasser wachsenden kahlen Bäume am besten zu erleben.

... PROBIEREN SOLLTEN

13 Die Kraft im Saft Südflorida ist Orangenland, und das Urlaubsfrühstück im Strand-Coffeeshop beginnen Sie am besten mit einem Glas frisch gepresstem Saft. Für Puristen und Genießer gibt es sogar spezielle Saftbars wie Pura Vida in Miami Beach, die nur Bioware verwenden (110 Washington Ave.). K8

14 Austern frittiert? Jawohl, Amerikas Köche sind manchmal gnadenlos – und in Apalachicola, wo die meisten Austern der USA gezüchtet werden, geht alles. Austern gebacken und überbacken, Austern auf Eis oder in Knoblauchsoße, wie z. B. bei Caroline's › S. 140.

15 Der Klassiker Ideal für den schnellen Hunger ist überall an Floridas Küsten in Bars und Buden das *grouper sandwich*: gebackener oder frittierter Barsch im Brötchen, verfeinert mit Kräutermayo und Salat. Schmeckt besonders gut am Strand, z. B. bei Frenchy's Rockaway Grill in Clearwater (7 Rockaway St.). G5

16 Steinerne Leckerei Oktober bis April ist Saison für *stone crabs* in Südflorida. Bei dieser besonderen Krebsart wird nur eine Schere »geerntet«, die wieder nachwächst. Sehr fein und am besten bei Joe's Stone Crab › S. 68 in Miami Beach.

17 Café an der Theke Allüberall in Florida, wo kubanische Einwanderer leben, gibt es an Restaurant- und Bartheken den *café cubano*: Schmeckt genau wie ein Espresso, ist aber schon mit braunem Melassezucker gesüßt. Besonders authentisch zu genießen in Miamis Little Havana › S. 64.

18 Her mit dem Bier Vorbei sind die Zeiten, als es nur Bud gab. Überall versuchen sich *microbreweries*, örtliche Kleinbrauereien, an europäischem Weizenbier und Pilsner, Lager und Ale. Und sie schmecken oft gar nicht schlecht, wie etwa das Havana Red Ale oder das Southern Clipper Wheat Beer bei Kelly's › S. 81 in Key West.

19 Salat-Schnecken Die Spezialität der Florida Keys sind *conchs*: große Fechterschnecken mit leider etwas zähem Fleisch. Deshalb werden sie meist klein geschnitten, in die Conch-Chowder-Suppe oder mariniert mit Limonensaft im Conch Salad – delikat z. B. im Lorelei › S. 76 in Islamorada.

Ein leckeres Barsch-Sandwich

Die riesige Saturn-5-Rakete kann man im Kennedy Space Center aus der Nähe bestaunen

20 Fischiges Rauchfleisch Im Nordwesten Floridas findet man sie oft als Vorspeise: *smoked mullets*, fein geräucherte Meeräschen von den Lagunen an der seichten Küste. Im rustikalen Annie's Cafe in Cedar Key › S. 137 gibt es den Rauchfisch sogar im delikaten, deftigen Frühstücksomelette.

21 Amerikanische Orgie Wenigstens einmal muss es sein, wenn man nicht gerade Vegetrarier ist: ein fetter Burger mit allem Drumherum. Mit einem halben Pfund feinem Rindfleisch, dazu ein Salatblatt, Gurkenscheiben, Ketchup, Mayo, Senf, Fritten und Kohlsalat. Sehr gut z. B. im B-Line Diner › S. 97, aber auch sonst überall in traditionellen Coffeeshops und Strandbuden.

22 Die Limonensünde Das beste Dessert Floridas kommt unbestritten von den Keys. Sauer-süße Limonen sind es, die dort zum locker-luftigen Key Lime Pie verarbeitet werden – eine Art Käsesahne in süßsauer. Am besten schmeckt der Pie im tropisch umrankten Innenhof des Blue Heaven (729 Thomas St., Key West, www.blueheavenkw.com). 📖 H10

... BESTAUNEN SOLLTEN

23 Riesenrakete Größer geht's nicht: Das Kennedy Space Center › S. 107 hat für die Saturn-V-Mondrakete sogar ein eigenes Gebäude. Sie war die größte je gebaute Rakete – mit einer Kapazität von rund 2 Mio. Litern Treib- und Sauerstoff.

24 Boulevard der Eitelkeiten Das Spektakel der Gebräunten und Geschönten auf dem Ocean Drive in Miami Beach ist nirgends so gut zu beobachten wie von den kleinen Sidewalk-Tischen des legendären News Cafe › S. 69 aus.

25 Megabrücke Der Highway 1 von Key Largo übers Meer bis Key West ist ein technisches Wunder, aber das Nonplusultra ist die Seven Mile Bridge › S. 56. Gut 11 km weit gleitet man auf der Stelzenbrücke über das seichte Meer, das in allen Türkisschattierungen glitzert. Florida-Feeling pur. Zumindest mit offenem Fenster, noch besser im Cabrio oder auf dem Motorrad.

26 Sunset am Mallory Square Feuerschlucker, Jongleure, Stelzengeher: Verrückter kann sich Florida kaum präsentieren als bei der allabendlichen Zelebration des Sonnenuntergangs am Mallory Square › S. 78 in Key West.

27 Glanz der Golden Twenties An die frühen Tage des Tourismus in Florida erinnern noch mehrere fabelhafte historische Grand Hotels, allen voran The Breakers › S. 102 im Luxusbadeort Palm Beach.

28 Zauberinternat Schnee in Florida? In den Harry-Potter-Bereichen des Universal Orlando Resort › S. 93 ist alles möglich. Auch ein verschneites altenglisches Dorf, das exakt den Roman- und Filmvorlagen entspricht.

29 Surreale Architektur Das Dalí Museum › S. 122 in St. Petersburg zeigt nicht nur die berühmten tropfenden Uhren von Salvador Dalí. Auch der neue Museumsbau von Yann Weymouth ist passend surreal gestaltet.

Beim traditionellen Sundowner am Mallory Square in Key West

30 Bikes auf Hochglanz Die ganze Stadt bebt im Motorenlärm, wenn zur Daytona Bike Week hunderttausende Harleys und andere Motorräder auf der Main Street Korso fahren. Treffs der Bikefans sind Kneipen wie der Boot Hill Saloon › S. 110.

31 Grazile Brückenkonstruktion Die fast 7 km lange Sunshine Skyway Bridge › S. 125 bei Tampa ist ein echtes Kunstwerk. In einem 130 m hohen Bogen schwingt sie sich über den Eingang zur Tampa Bay.

32 Märchenhaft Die Unterwassershow der Meerjungfrauen von Weeki Wachee › S. 136 ist eine herrlich nostalgische Touristenattraktion – und inklusive Muschel-BHs und bunten Flossenkostümen eine sehenswerte Kitschorgie.

33 Weiß – weißer – St. Andrews Ohne Sonnenbrille geht an den Stränden um Panama City nichts. Der feine Quartzsand der Dünen im St. Andrews State Park › S. 140 ist so blendend weiß, dass man sonst Schneeblindheit fürchten müsste.

... MIT NACH HAUSE NEHMEN SOLLTEN

34 Mäuseohren Kinder können Sie mit einer Kappe mit Mickymaus-Ohren sicher erfreuen. Dazu gibt's passende Mäuse-T-Shirts, Mäuse-Geschirr, Mäuse-Schmuck etc. Der World of Disney Store in Orlando ist der weltweit größte (Dis-

Mickeys Ohren als »German Edition« im World of Disney Store in Orlando

ney Springs, Lake Buena Vista, Tel. 407-828-1451). H10

35 Strandwährung Sanddollars › S. 33, die platten, oft hübsch mit Punkten gezeichneten Schalen einer Seeigelart, dürfen Sie getrost mit nach Hause nehmen. Hierfür sollten Sie sie aber geschützt verpacken, da sehr zerbrechlich, und gut reinigen, da oft geruchsintensiv.

36 Pastell-Poster Alljährlich im Januar ist Art Deco Weekend in Miami. Die dafür jedes Jahr eigens gestalteten Poster, die Formen und Farben von Miami Beach perfekt einfangen, sind im Art Deco Welcome Center › S. 61 erhältlich.

37 Überirdisches Foto Vor dem Kennedy Space Center › S. 106 können Sie sich vor einem echten Space Shuttle fotografieren lassen. Noch besser: Sie buchen das Programm »Lunch with an Astronaut« und

In Jimmy Buffets Musik – hier live mit der Coral Reefer Band – steckt Florida-Feeling

machen das Foto Arm in Arm mit einem Raumfahrer.

❸❽ Amerikanisch beschuht Wenn Sie sich das neueste Modell der Nike-Schuhe aus einem Factory Shop z. B. in Sawgrass Mills › S. 100 holen, hilft das beim Joggen zu Hause Ihrer Erinnerung an den Floridaurlaub sicher auf die Sprünge.

❸❾ Retro-Flair Bunte Blechschilder oder Aschenbecher und andere 1970er-Jahre-Acessoires sind Floridasouvenirs mit besonderem Flair. Im Retro-Vintage-Bereich (Reihe C2) des riesigen Daytona Flea Market › S. 124 werden Sie fündig.

❹⓪ Immer sportlich bleiben Daheim werden sie Augen machen, wenn Sie mit neuen Rollerblades, Golf-Putter oder Tennisschläger antreten – das meiste günstiger als zu Hause. Als Golf-Fan müssen Sie sich die Auswahl im größten Golfladen Floridas ansehen, dem Golf Locker Superstore in Tampa (6200 N. Dale Mabry Hwy.). 📕 H10

❹❶ Florida für die Füße Strandschlappen heißen in Florida *flip flops*, und es gibt sie mit allen nur denkbaren Farben und Verzierungen, etwa jene von Ron Jon › S. 105 – perfekte Souvenirs für die Sauna im Fitnessklub daheim.

㊷ Strandmusik Eine geschmeidige Mischung aus Country und Karibik-Pop spielt Floridas populärster Musikstar Jimmy Buffet (Info: www.margaritaville.com). Sein Thema: das Lebensgefühl in Key West, das er in Hits wie »Cheeseburger in Paradise« oder »Margaritaville« unsterblich gemacht hat. Holen Sie sich eine CD und stecken Sie sie schon während der Reise durch den Sunshine State in die Autoanlage!

... BLEIBEN LASSEN SOLLTEN

㊸ Alkohol am Strand trinken Wie auf Straßen und öffentlichen Plätzen ist das kühle Bier auch in Strandparks verboten › S. 150. Dafür müssen Sie an den Hotelpool, in die Strandbar oder die kühle Erfrischung verschämt aus der braunen Papiertüte *(brown bag)* trinken, die es im Liquor Store dazu gibt.

㊹ Den Pass im Hotelsafe einschließen Nicht, weil er da nicht sicher wäre, sondern, weil Sie den Ausweis öfters mal brauchen. Wer jung aussieht, muss ihn in der Bar vorzeigen, wer einen Reisescheck einlöst oder mit Kreditkarte zahlt, muss ihn manchmal vorlegen.

㊺ Hüllenlos bräunen Amerikaner sind puritanisch prüde. FKK ist völlig verpönt und selbst oben ohne höchstens am sehr international geprägten Strand von Miami Beach oder an manchen Hotelpools geduldet › S. 152.

㊻ Zu Stoßzeiten in die Stadt fahren Rushhours sind in Miami, Orlando und Tampa von Montag bis Freitag etwa von 6.30–9 und von 15.30–18 Uhr. Diese Zeiten sollte man möglichst mit dem Kfz meiden, vor allem auf Brücken können sich lange Staus bilden.

㊼ Im Lokal gleich zum Tisch stürmen Außer in Fastfood-Lokalen wird den Gästen in den Restaurants ein Tisch zugewiesen. »Wait to be seated« heißt es am Eingang › S. 49. Sich zu jemandem dazuzusetzen ist unhöflich.

㊽ Einzelrechnungen Sagen Sie es dem Restaurantservice unbedingt vorab, falls Sie getrennte Rechnungen wollen. Sonst wird die Bestellung des ganzen Tisches zusammengezählt – und später zu trennen wird schwierig.

㊾ Hurrikane falsch einschätzen Nehmen Sie es ernst, wenn die Behörden Hurrikanwarnungen herausgeben › S. 25. Die Berechnungen sind genau, Sie haben zwei bis drei Tage, um die Region zu verlassen. Blaue Schilder mit Hurrikansymbol führen von der Küste weg zu höher gelegenem Land.

㊿ Zum Sunset in den Sand setzen An manchen Stränden vor allem an der Westküste werden zu Sonnenuntergang die Sandflöhe aktiv. Nur eine halbe Stunde reicht für juckende Quaddeln. Besser ist es, den Sunset auf der Terrasse der Bar zu erleben.

Auf der Duval Street im Zentrum von Key West

REISEPLANUNG & ADRESSEN

DIE REISEREGION IM ÜBERBLICK

Mit Fug und Recht darf sich der Sunshine State Florida als »die« Urlaubsdestination Amerikas schlechthin rühmen – und das bereits seit gut 100 Jahren. Wer einmal dort war, wird auch verstehen, warum.

Der berühmte Strand von Miami Beach vor der Kulisse von South Beach

Die Natur hat Florida bestens ausgestattet: Die Palette reicht von den tropischen, von Riffen gesäumten Inseln der Keys im Süden bis zu den stillen Wäldern Nordfloridas. Dazwischen liegen die faszinierenden Sümpfe der Everglades, die Seenplatten Zentralfloridas und natürlich Strände ohne Ende: Rund 1800 km Küstenlinie sind es insgesamt, davon rund 1000 km Sandstrände. Durch die meerumschlungene Lage ist kein Punkt Floridas weiter als 100 km von einer der Küsten entfernt, die meisten Städte und Ferienzentren liegen ohnehin direkt am Atlantik oder am Golf von Mexiko. Die moderne Vergnügungsindustrie hat das Ihre zu Floridas Attraktivität für Touristen beigetragen: An die gut 100 zum Teil unglaublich aufwändig gestaltete Theme Parks und Attraktionen entführen die Besucher in Zukunftswelten und auf unterhaltsame Rummelplätze. Obwohl sich der ganze Staat in Klima, Landschaft und Vegetation nicht dramatisch unterscheidet – Bergzüge oder große Ströme, die natürliche Barrieren schaffen könnten, gibt es ja nicht –, lassen sich doch einzelne Regionen unterscheiden:

Erstes Ziel für viele Besucher ist **Miami und der Süden Floridas**. Die brodelnde Metropole Miami mit viel kubanisch-lateinamerikanischem Flair ist zugleich ein echtes Ziel für Strandurlaub. Hier verbinden sich pulsierendes urbanes Leben mit lockerem Strandvergnügen. Die großartige Artdéco-Architektur in Miami Beach mit ihren pastellbunten Häusern und geschwungenen Formen schafft dafür die ideale Kulisse. Ähnlich bunt und mit viel maritimem tropischem Flair kleckern südlich von Miami die Florida Keys ins blaue Meer hinaus, ein ideales Ziel für einige Sightseeing-Tage mit motorisiertem Untersatz, denn der Overseas Highway führt hier 200 km weit ins Meer hinaus. Unmittelbar vor den Toren der Stadt beginnen die Everglades, die fast den ganzen Südzipfel von Festland-Florida einnehmen. Zum Wohnen und länger Aufhalten sind die riesigen Sümpfe dieses einzigartigen Feuchtgebietes nicht geeignet, aber sie geben dem Besucher einen Einblick in das ursprüngliche wilde Florida. Es lohnt sich sehr, hier einen Tag im Everglades National Park beim Alligatorgucken und Vogelbeobachten zuzubringen – oder vielleicht sogar einige Tage auf einer Kanutour.

Nördlich von Miami setzt sich das zivilisierte Florida fort: **Orlando und die Ostküste** von Florida sind touristisch bestens erschlossen. Entlang der Gold Coast zwischen Fort Lauderdale und Palm Beach reihen sich die Strandorte dicht an dicht, quirliges Beachlife allerorten. Weiter nördlich sind die Lücken zwischen den Orten größer – und die Städte werden älter. St. Augustine ist sogar die älteste Stadt der USA und entzückt vor allem die

🟦 RUNDFAHRT ODER URLAUB AM ORT?

Als klassisches US-Ferienziel eignet sich Florida bestens für eine Rundreise, auf der man zwischen Stränden und Naturparks, bunten Neonschildern und Fastfood-Lokalen sein ganz eigenes Roadmovie erleben kann. Gerade auf einer ersten Reise nach Florida bietet sich eine ein- bis zweiwöchigen Rundfahrt durch den Sunshine State an. Die Infrastruktur ist hierfür ideal: Günstige Motels stehen überall am Weg, das Leben aus dem Auto ist kein Problem, denn Amerika ist gänzlich auf Autofahrer eingestellt.

Kombiniert mit einer Rundfahrt, oder wenn man seinen Lieblingsort gefunden hat, kann man auch gut einige Urlaubswochen stationär verbringen. Man mietet ein Strandhotel oder ein Ferienhaus bzw. -apartment etwa im Raum Fort Myers, an der Gold Coast zwischen Miami Beach und Palm Beach, im Raum St. Petersburg oder in Orlando und macht von dort aus Tagesausflüge.

Wer im Urlaub Abwechslung sucht, kann auch kombinieren: Eine Woche Aufenthalt in Orlando (für die Themenparks) oder in Miami (für Action im Nachtleben und am Strand) und danach ein oder zwei Wochen am Strand in einem anderen Teil des Staates. Dort kann man dann Badeurlaub und weitere Tagesausflüge machen und so eine andere Region kennenlernen.

Abends haben die Seevögel den Strand für sich in Fort Myers Beach

amerikanischen Besucher mit spanischem Kolonialflair. Ganz futuristisch ist – fast nebenan – Cape Canaveral: Hier startete 1969 der erste Mensch zum Mond und heben bis heute Satelliten-Trägerraketen ins All ab. Besucher dürfen zuschauen und sich bei einem simulierten Raketenstart durchrütteln lassen. Noch aufregender und womöglich noch futuristischer geht es nur eine Stunde Fahrt von Cape Canaveral zu: In den Themenparks von Orlando, der zweiten großen Urlaubsmetropole in Florida. In der Hauptstadt der Vergnügungsparks warten die schnellsten, verrücktesten, technisch ausgefeiltesten Achterbahnen und Simulatorfahrten der Welt. Und dazu viele knallbunte Eindrücke und Urlaubsspaß – ein Besuch hier lohnt sich nicht nur mit Kindern.

Abgesehen von Orlando ist das von Seen durchsetzte Binnenland Floridas auf weite Strecken sehr ländlich strukturiert mit Orangenplantagen und Ranches. Städte und Ferienregionen gibt es erst wieder auf der anderen Seite der Halbinsel, an der **Westküste**. Der Golf von Mexiko ist viel ruhiger als der Atlantik, die Wellen plätschern still an die von Muscheln übersäten Strände. Irgendwie hat sich diese Gemächlichkeit der Wellen auch auf die Städte und das Lebensgefühl der Menschen übertragen. Zwischen Naples und Fort Myers im Süden und St. Petersburg im Norden läuft das Urlaubsleben viel ruhiger ab als im rasanten Orlando oder etwa in Miami.

Noch ruhiger wird es dann im **Nordwesten** Floridas. »Panhandle« (Pfannenstiel) wird diese Region an der Grenze zu Georgia und Alabama manchmal auch genannt, denn auf der Karte sieht sie wie ein Stiel aus, an dem die Halbinsel Florida am Kontinent hängt. Der Nordwesten ist ein Ziel für Naturentdecker und für Wiederholungstäter, die eine andere Seite des bunten, lauten Sonnenstaates kennenlernen wollen: Hier ziehen sich Sümpfe statt

Strände die Küste entlang, aber herrliche klare Quellen sprudeln aus dem Kalkboden in den weiten Wäldern des Nordwestens. Und um Panama City Beach erstrecken sich die weißesten Strände, die man sich vorstellen kann. So weiß, dass man doppelt starke Sonnenbrillen aufsetzen möchte. Hier kann man Kanu fahren, an einsamen Stränden wandern und sogar Höhlentauchen in den großen artesischen Quellen.

KLIMA & REISEZEIT

Eigentlich müsste Florida, das ja auf derselben geografischen Breite liegt wie die Sahara, ein extrem trockenes Klima haben. Dem ist nicht so.

Die Lage zwischen zwei Meeren und der aus der Karibik kommende Golfstrom bescheren dem Sonnenstaat ein feuchtes, fast tropisch warmes Meeresklima. Von Osten wie von Westen bringen die Winde feuchte Luft ins Land und machen Florida zu einem der regenreichsten Staaten des Kontinents – was auch an der üppigen Vegetation deutlich wird. Die Niederschläge kommen aber meist nur als kurze Regengüsse wie in den Tropen.

Florida ist ein ganzjähriges Reiseziel. In Südflorida, auf der Höhe von Miami und Naples etwa, liegen die Tageshöchsttemperaturen im Januar durchschnittlich bei 23 °C und im Juli bei 31 °C. Die Wassertemperatur klettert entsprechend von etwa 22 °C im Januar auf 28 bis 30 °C im Hochsommer; dabei ist das flachere Wasser an der Westküste meist ein bis zwei Grad wärmer als an der raueren Atlantikküste.

Die besten Reisezeiten für eine Rundfahrt durch Florida sind September bis November und März bis Ende Mai. Dann liegen die Temperaturen tags-

> ### 🟪 WINDIGE ZEITEN
>
> Noch ein warnendes – und beruhigendes – Wort zum berühmtesten Klimaphänomen Floridas, den Hurrikans: Diese tropischen Wirbelstürme entstehen zwischen Juli und Oktober im Atlantik und ziehen von dort durch das Karibische Meer nach Norden. Und Florida liegt genau in dieser »Hurricane Alley«. Fast jeden Sommer muss man für einige Tage mit heftigen Sturmausläufern rechnen, aber nur selten zieht ein derart verheerender Hurrikan wie 2005 »Katrina« oder 2018 »Michael« über die Halbinsel. Als Besucher muss man Hurrikans kaum fürchten. Falls einer auf die Küste zuhält, werden bereits Tage vorab Warnungen ausgegeben und Schutzmaßnahmen eingeleitet.
> › mehr S. 19 Punkt ㊾ Das National Hurricane Center in Miami verfolgt permanent mit Hightech die Entstehung von Stürmen (Info: www.nhc.noaa.gov).

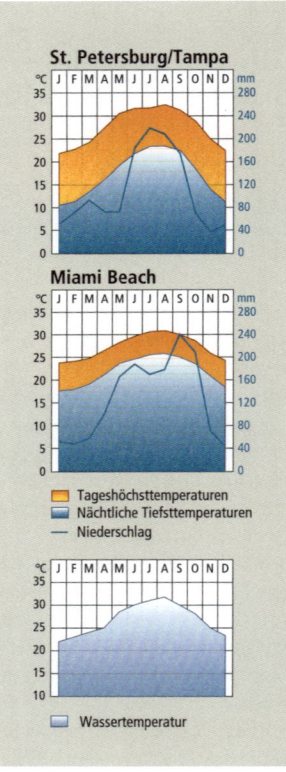

über bei 25 bis 30 °C, es ist nicht so schwül, das Meer hat eine angenehme Badetemperatur von 24 bis 26 °C – und die Motels verlangen Nebensaisonpreise. In Zentralflorida wie auch im Panhandle kann es im Januar oder Februar manchmal kräftigen Nachtfrost geben, der meist jedoch nur einige Tage andauert. Die beste Reise- und Badezeit für den Norden des Sonnenstaates ist der Hochsommer. Dann herrscht im Juli und August in Südflorida Regenzeit und es ist dort oft sehr schwül und heiß mit Temperaturen über 30 °C. Regenzeit bedeutet allerdings keinen Dauerregen, sondern nur kurze, heftige Schauer am Nachmittag.

Im Winter sollten Sie einen Badeurlaub nur in Südflorida planen – also in der Region südlich der Linie Palm Beach – Fort Myers. Nördlich davon ist es zwar auch im Januar noch schön genug für Strandspaziergänge, zum Tennisspielen und Golfen, das Wasser ist aber zu kalt zum Baden.

ANREISE

Von Europa aus gibt es ein großes Angebot an Linien- und Charterflügen nach Florida, größere Städte wie Miami, Orlando, Fort Lauderdale, Fort Myers oder Tampa werden auch direkt angeflogen.

Die Lufthansa und ihre Billig-Tochter Eurowings fliegen täglich nonstop von Frankfurt/M. bzw. Düsseldorf nach Miami, Orlando und Fort Myers. Daneben gibt es von allen größeren deutschen Flughäfen gute Umsteigeverbindungen mit amerikanischen Airlines. Delta Airlines fliegt über das Drehkreuz Atlanta die meisten Städte Floridas an, United Airlines bietet Flüge über New York/Newark sowie über Washington und American

Airways über Charlotte. Die wichtigsten internationalen Flughäfen in Florida sind Miami und Orlando. Bei Umsteigeverbindungen kann man auch kleinere Städte in Florida ansteuern oder einen sogenannten Gabelflug nutzen, um aus einer anderen Stadt wieder zurückzufliegen.

Durch die Konkurrenz der Airlines auf den Nordatlantikrouten sind die Flugpreise nach Florida relativ stabil geblieben. Nur die schwankenden Kerosinkosten schlagen sich zeitweise in erhöhten Zuschlägen nieder. Vergleichen lohnt sich, denn je nach Saison und Gesellschaft können die Preise zwischen 500 und 1400 € in der Touristenklasse schwanken. Für Jugendliche und Studenten gibt es bei manchen Fluggesellschaften auch Ermäßigungen. Alternativ kann man Florida auch gut in eine längeren USA-Reise einbauen: etwa von Washington oder Atlanta nach Miami fahren, oder von Miami nach New Orleans. Zahlreiche Reiseveranstalter bieten günstige Pauschalreisen an, die neben einem Linien- oder Charterflug auch Unterkunft und Mietwagen einschließen – erkundigen Sie sich im Reisebüro!

REISEN IM LAND

Zwar wird man wegen der vergleichsweise geringen Entfernungen kaum fliegen müssen, doch sind Fly-&-Drive-Angebote eine Überlegung wert.

Da (bei Vorab-Buchung aus Europa) Mietwagen überall innerhalb Floridas ohne Rückführgebühr zurückgegeben werden dürfen, kann man eine Reise etwa von Miami oder Orlando bis Pensacola planen. Von dort können Sie dann mit einem Inlandsflug wieder zurück zum Startpunkt oder gleich nach Hause fliegen. Für weitere Inlandsflüge auch in andere Regionen der USA lohnt der Kauf eines Anschlussflug- oder Stopover-Tickets, wie sie von vielen Airlines angeboten werden. Auskünfte erteilen die Reisebüros.

AUTO

Aufgrund des nur sehr weitmaschigen öffentlichen Verkehrsnetzes kommt man für eine Besichtigungstour in Florida um ein eigenes Fahrzeug nicht herum. Es ist meist preiswerter, den Mietwagen oder -camper bereits von zu Hause aus zu buchen. Dann sind die in Florida sehr teure Vollkaskoversicherung, alle Steuern und unbegrenzte Meilen bereits im günstigen Pauschalpreis inbegriffen. Man muss in der Regel 21/25 Jahre alt und im Besitz eines nationalen Führerscheins sein, der internationale Führerschein wird manchmal verlangt. Eine Kreditkarte erleichtert die Anmietung, ohne sie muss man eine Kaution in bar hinterlegen. Für die Zahlung von Autobahn- oder Brücken-Mautgebühren bieten die Autovermieter den »SunPass« an, der über die Kreditkarte abgerechnet wird › S. 28.

Die Verkehrsregeln in Florida entsprechen im Wesentlichen den europäischen. Die wichtigsten Unterschiede: Auf mehrspurigen Straßen darf man auch rechts überholen, erlaubte Höchstgeschwindigkeit außerorts ist 55 Meilen pro Stunde (mph, etwa 88 km/h), auf Autobahnen 65–70 mph (105–113 km/h), innerorts je nach Ausschilderung 15–30 mph (24 bis 48 km/h). An roten Ampeln darf man rechts abbiegen, sofern man niemanden behindert und nicht der Hinweis *no turn on red* die Regelung aufhebt. Viele Kreuzungen sind *4-way stops,* an denen alle Fahrzeuge anhalten müssen; wer zuerst gehalten hat, darf als Erster einfahren. An Schulbussen, die mit blinkender roter Warnleuchte halten, darf man nicht vorbeifahren – auch nicht aus der Gegenrichtung. Einige Autobahnen, wie etwa Teile des Florida's Turnpike bei Miami, sind mautpflichtig, bezahlt wird per elektronischem SunPass-System oder über individuelle Abrechnung per Kreditkarte, Transponder sind bei vielen Mietwagenfirmen gegen Aufpreis inklusive (www.sunpass.com).

Die in allen größeren Orten vertretenen Büros der American Automobile Association (www.aaa.com) stehen auch Mitgliedern kooperierender europäischer Klubs zur Seite (Mitgliedsausweis nicht vergessen!) und helfen u. a. mit Tourbooks, Routentipps und Landkarten.

BAHN

Die Bahngesellschaft Amtrak bietet den »USA Rail Pass« an, der für 15/30/45 Tage zu beliebig vielen Fahrten berechtigt (nur außerhalb der USA zu kaufen!) und für die gesamten USA einschließlich Florida gilt, wo Amtrak rund 20 Städte v. a. entlang der Atlantikküste bedient. Insgesamt führen nur zwei Linien durch Florida, sodass sich die Bahn zum Sightseeing nicht gut eignet. Lohnend ist dagegen als größere Tour eine Fahrt mit dem »Sunset Limited« von Orlando über New Orleans bis zur Pazifikküste. Eine neue Schnellbahnlinie, die »Brightline« von Miami nach Orlando, ist im Bau.

Informationen erhält man online unter www.amtrak.com oder bei den Amtrak-Vertretungen: CRD International in Hamburg (Große Elbstr. 68, Tel. +49 40 3006160, www.crd.de) oder Meso Reisen in Berlin-Charlottenburg (Otto-Suhr-Allee, Tel. +49 30 21234190, www.meso-berlin.de).

BUS

Das Streckennetz der Busgesellschaft Greyhound ist in Florida gut ausgebaut. Man muss jedoch Zeit mitbringen, und wie bei der Bahn bleibt man auch mit dem Bus abseits der Sehenswürdigkeiten. Für Studenten bzw. mehrere Personen, die gemeinsam reisen, gibt es – wie auch für im Internet gebuchte Fahrkarten – vergünstigte Preise. Internationale Besucher können auch in der zentralen Reservierungsstelle telefonisch ihre Fahrkarten mit Kreditkarte kaufen (international Tel. +1 214-849-8100, in den USA gebührenfrei Tel. 1-800-231-2222, www.greyhound.com).

STADTMALER

Baseballkappe, Sonnenbrille, Dreitagebart. Amos passt ins alte Industrieviertel Wynwood im Norden von Miami, das zum Kunstareal avanciert ist. Amos heißt eigentlich Pedro Rodriguez. Seine Eltern kamen aus Kuba, er wurde in Miami Beach geboren. Er ist Graffitero – ein Spray Artist, der überdimensionale Wandgemälde schafft. »Zu Anfang haben wir auf Güterwagons gesprüht und es war alles illegal. Aber unsere Kunst fuhr durch das ganze Land,« sagt er stolz. »Heute heuern uns sogar die Leute an.«

Früher arbeitete der knapp Vierzigjährige in der Werbebranche, und irgendwie ist für ihn Graffiti auch eine Art von Guerilla-Marketing. »Unsere Gemälde haben immer auch eine Message. Früher wurden wir dämonisiert, aber mit unserer Kunst haben wir weltweit vergessene Stadtviertel revitalisiert und trendy gemacht.«

Schon seit den 1990er-Jahren gibt es Graffiti auf den Wänden der alten Lagerhallen in Wynwood. Aber ab 2003 ging es richtig los. Die renommierte Kunstmesse Art Basel wählte Miami als ihren amerikanisches Standort, und immer mehr Künstler entdeckten dadurch auch Wynwood. Amos ist jetzt der Art Director für das Basel House Mural Festival, zu dem in Wynwood jedes Jahr Dutzende Graffiteros neue Werke schaffen. Warum Miami? »Aus aller Welt kommen die Graffiteros hierher. Ich habe Glück und wohne schon immer hier. Mit Wynwood haben wir bestimmt das weltweit größte Graffiti-Viertel: fast 300 Hektar Stadt mit bunten Wänden.«

Amos wird inzwischen international zu Festivals eingeladen. »Ich war gerade in Kopenhagen und in Amsterdam,« erzählt er. »Das ist mein Traum, ich will überall in der Welt Wandgemälde machen und eine Künstleragentur für Graffiteros gründen.«

ADRESSEN

- Abwechselnd mit anderen Künstlern organisiert Amos für interessierte Besucher Graffito-Spraykurse und Führungen zu den Murals von Wynwood. Buchung bei: www.miamisbestgraffitiguide.com
- Amos' liebster Treff für ein Bier und gute Sprayfarben ist der Kunstladen **004 Connec** (2404 N. Miami Ave.), die besten kubanischen Sandwiches holt er sich bei **Enriqueta's** (186 NE 29th St., Mo–Sa 6.30–16 Uhr).

Amos in Aktion in Wynwood

GESCHMACKSZAUBERER

Khris ist ein äußerst kreativer Braumeister

Khris wurde in Memphis geboren und kam schon als Kind mit seinen Eltern nach St. Petersburg. Dort fing auch sein Vater zuhause mit dem Bierbrauen an. Heute ist Khris gut 30 Jahre alt und der renommierte Braumeister der Green Bench Brewery, der ältesten Kleinbrauerei in St. Petersburg – 2013 gegründet. Damals erreichte der Trend der *micro breweries* auch Florida. Heute gibt immer mehr kleine Brauereien mit angeschlossener Kneipe zur Verkostung. Die junge Szene liebt Braukneipen und will immer mehr außergewöhnliche Biere.

»Ein Jahr lang habe ich vor allem Bier getrunken,« lacht Khris Johnson unter seinen Rastalocken hervor »und ich habe alles über Bier nachgelesen, was ich finden konnte.« Damals war Khris gerade um die 20 und studierte englische Literatur. Dann begann er, zuhause Bier zu brauen – das hat Tradition in Amerika. Wenig später gewann er seine erste von mittlerweile mehreren Medaillen beim Florida Brauwettbewerb und wurde Bierbrauer.

Er ist ein echter Autodidakt, experimentiert mit Hingabe und will immer wieder neue Geschmacksrichtungen probieren. »Ich mache Bier mit Gerste oder Reis und nehme dazu Gewürze, Zitronengras, Rosmarin, Koriander oder Limonen für den extra Kick. Zurzeit arbeite ich an einer Gebäck-Serie – mit Biergeschmack nach Kirschkuchen zum Beispiel.«

Und die kann Khris liefern: »Wir machen sehr hopfige englische Ale-Biere, aber auch viele belgisch gestylte Biere und lagern sie in Eichenfässern wie guten Wein.« Doch trotz vieler eigener Ideen, die deutsche Brautradition schätzt Khris sehr: »Ich liebe Pilsner und Weißbier. Und wir haben bei uns in der Brauerei sogar einen Biergarten.«

ADRESSEN
- **Green Bench Brewery**
  1133 Baum Ave. N. | St. Petersburg
  Tel. 727 800 9836
  www.greenbenchbrewing.com
- Nahe zur Brauerei geht Khris gern in eines der vielen Streetfood-Lokale: für mexikanische Burritos in den **Red Mesa Mercado** (1100 1st Ave. N.) oder für ein Sandwich in die **Bodega** (1120 Central Ave.). Und er liebt den geräucherten Fisch bei **Ted Peters** (1350 Pasadena Ave. S.) etwas weiter Richtung Strand.

SPORT & AKTIVITÄTEN

Florida ist ein Wassersportrevier erster Güte. Die Zahlen sprechen für sich: rund 1800 km Küstenlinie, gut 1000 km Sandstrände, dazu rund 1700 Flüsse und an die 10 000 Binnenseen.

Und das Schönste dabei ist: Das Wasser ist warm, im Sommer bis zu 30 °C, im Winter mindestens 22 °C. In den Strandbuchten flitzen überall Windsurfer, Wasser- oder Jetskifahrer, weiter draußen im Meer ziehen Boote ihre Bahnen. Und wer sich noch einen Adrenalinstoß gönnen will, hebt zum Parasailing ab. In den zahlreichen Marinas sind kleinere Motor- oder Segelboote auch ohne Bootsführerschein zu chartern, für längere Törns kann man große Segler sowie luxuriöse Jachten mit Skipper anmieten. Beste Bedingungen bietet Florida zum Tauchen › Seitenblick S. 74, und Sportangler finden hier von Seen bis Hochsee ihr Paradies. Aber auch trockenen Fußes bietet Florida einiges für Aktivurlauber, sei es Biken, Tennis oder Golf.

SURFEN UND SUP

Echtes Surfing, also Wellenreiten, ist nur an der Ostküste möglich, wo der Atlantik große Wellen an die Küste donnern lässt. Die Wellen des Golfs an der Westküste sind dazu meist zu zahm. Beliebtestes Surferrevier ist die Region zwischen Cocoa Beach und Palm Beach. Vor allem Cocoa Beach hat sich einen guten Namen gemacht. Gute Wellen und gute Strände also, und das Meer wird hier vom Golfstrom schon im Mai auf angenehme 25 °C erwärmt.

Windsurfen ist ebenfalls beliebt, aber auch das Stand-up Paddling (SUP) ist als jüngere Trendsportart stark im Kommen. Vor allem in den großen, geschützten Buchten wie etwa der Biscayne Bay vor Miami oder bei Fort Myers bieten sich gute Bedingungen. Surfgerät und Paddle Boards vermieten sowohl Hotels als auch kleine Stände an den Causeways.

KANU- UND KAJAKFAHREN

Florida ist ein ausgezeichnetes Ziel für Kanu- und Kajaktouren. Man gleitet auf stillen Kanälen und Flüssen durch Sumpflandschaften, an moosbehangenen Eichen vorbei, und im kristallklaren Quellwasser kann man Fische beobachten. Die schönsten Flüsse für Paddler liegen

Stand-up Paddler vor Siesta Key

im Norden: der Blackwater River, der Chipola River und der Suwanee River (Kanuvermieter in kleinen State Parks am jeweiligen Fluss).

Schön zum Paddeln sind auch die Flüsse im Ocala National Forest. In mehreren Ausläufern der großen artesischen Quellen wie etwa Juniper Springs kann man für einen Tag in die Wildnis aufbrechen. Im Everglades N.P. haben die Rangers sogar eine rund einwöchige Kanuroute mit Zeltplätzen in der Wildnis angelegt (Kanuvermietung in Flamingo). Perfekt geeignet auch für Anfänger sind die Wasserwege des Great Calusa Blueway im Raum Ft. Myers (www.calusablueway.com).

Adventures Unlimited B1
Bootsvermietung und -touren am Blackwater River, auch Zipline-Touren.
- Hwy. 87 | Milton | Tel. 850- 623-6197
  www.adventuresunlimited.com

Ivey House Everglades Adventures H8
Kanu-/Kajakvermietung und geführte Touren im Everglades N.P.
- 107 Camellia St. | Everglades City
  Tel. 239-695-3299. | www.iveyhouse.com

RADFAHREN

Immer beliebter werden Radtouren v.a. mit dem Trekking- oder Mountainbike. Der Verleih kann meist über das Hotel organisiert werden. Im Shark Valley am Nordeingang des Everglades National Park radelt man z.B. auf autofreier Strecke an Alligatoren und Silberreihern vorbei › S. 58. Auf Sanibel Island ist die ganze Insel mit Radwegen bestens erschlossen.

TENNIS UND GOLF

Eine der beliebtesten Sportarten im Sonnenstaat ist Tennis. Nicht umsonst werden auf Key Biscayne und Amelia Island zwei der bekanntesten Tennisturniere veranstaltet. Fast jedes Hotel besitzt eigene Plätze, viele größere Hotels bieten Kurse an. Wer höher hinaus möchte, kann sich in der Tennis Academy von Nick Bolletieri schulen lassen (5500 34th St. West, Bradenton, Tel. 1-866-300-4538, www.imgacademy.com).

Für Golfer ist Florida das Paradies: Gut 1000 Plätze gibt es, größere Hotels haben einen eigenen oder können zumindest *tee times* für den Platz nebenan vermitteln. Die berühmte PGA-Tour mit Stars wie Tiger Woods hat ihr Hauptquartier beim TPC Sawgrass in Ponte Vedra Beach (www.tpc.com). Weitere Zentren sind das World Golf Village bei St. Augustine (www.worldgolfvillage.com), die Ostküsten-Golferziele Amelia Island, Palm Beach und Boca Raton sowie Sarasota, Fort Myers und Naples an der Westküste. Berühmt sind auch die Golfermekkas nördlich von Tampa, beide Resorts mit mehreren Plätzen und Golfschule sowie kompletter luxuriöser Infrastruktur:

Innisbrook Resort G5
- 36750 US Hwy. 19 N. | Palm Harbor
  Tel. 727-942-2000
  www.innisbrookgolfresort.com

Saddlebrook Resort G5
- 5700 Saddlebrook Way
  Wesley Chapel | Tel. 813-973-1111
  www.saddlebrook.com

SPASS IM SAND

Ganz Florida ist eigentlich eine riesige Sandbank. Da verblüfft es nicht, dass der Ferienstaat mit gut 1000 km Stränden aufwarten kann. Den schönsten Sand besitzen die Beaches des Panhandle: schneeweiß glitzernd und fein wie Puder. Während sich der beige und goldgelbe Sand im Süden Floridas meist aus Korallen oder Muschelschalen gebildet hat, besteht er bei Panama City aus Quarz, der von den Gletschern der Eiszeit fein gemahlen wurde.

FUN UND ACTION

Wo es in den Strandorten einen Pier gibt, ist er meist das Zentrum der Aktivitäten. Vor allem entlang der schon länger erschlossenen Ostküste zwischen Miami und Palm Beach und um St. Petersburg/Clearwater wird Fun großgeschrieben, zahlreiche *beach concessions* vermieten Jetskis, Tretboote oder Segeljollen, bieten Wasserskifahren und Parasailing an oder laden zu Dinnercruises ein.

- **Fort Myers Beach** › S. 128: Parasailing, Jetskiing, Beach-Volleyball und Windsurfen beim Pier am Nordende von Estero Island.
- **Clearwater Beach** › S. 123: Beach-Volleyball, Parasailing und hippe Partyszene in den Strandcafés.
- **Daytona Beach** › S. 108: Autofahren am Strand, im März fallen Studenten zur Spring Break ein.
- **Holiday Isle,** MM 84, Islamorada J10: Ein winziger Strand, dafür aber Bars, Party und junge Szene.

Typisches Lifeguard-Häuschen am Strand von Clearwater Beach

DIE SCHÖNSTEN MUSCHELN

Fans müssen zeitig aufstehen, denn die besten Chancen auf schöne Muschelfunde bietet die Ebbe am frühen Morgen. Verbreitete Spezies wie Sanddollars (› **mehr S. 17 Punkt ㉟**) dürfen Sie getrost mit nach Hause nehmen. Aber Achtung, viele Muschelarten fallen aber unter das Washingtoner Artenschutzabkommen. Ihre Ausfuhr ist deshalb streng verboten!

Mehr als 400 Muschelarten kommen rings um Florida vor. Die meisten davon können Sie an den berühmten Muschelstränden von **Sanibel Island,** am Lighthouse Beach und am Bowman Beach, finden. Das Bailey-Matthews Shell Museum (› S. 129; www.shellmuseum.org) bietet auch saisonal fast täglich Muschelführungen auf Sanibel sowie einmal im Monat im **Bunche Beach Preserve** bei Fort Myers an.

Auch der Strand von **Naples** ist übersät von Muscheln, und weiter nördlich bei **Venice** kann man versteinerte Haifischzähne zwischen den Muschelschalen entdecken. An der Atlantikküste ist die Vielfalt nicht ganz so groß, dennoch lohnt es sich auch bei **Fort Lauderdale** und **Palm Beach** die Augen offenzuhalten.

RUHIG UND ROMANTISCH

- **Cape Florida State Park,** Miami › S. 65: Beim Leuchtturm am Südende von Key Biscayne, nah zur Stadt und doch recht ruhig.
- **Playalinda Beach,** Canaveral National Seashore 🔲 J4: Kilometerweite Einsamkeit, die manche zum – eigentlich verbotenen – FKK nutzen.
- **Caladesi Island,** Clearwater › S. 123: Naturbelassene Insel nördlich von Clearwater, Zugang mit Fähre von Dunedin.
- **Fort De Soto Park,** St. Petersburg › S. 123: Ein altes Fort, fünf Inseln und lange leere Strände.
- **Grayton Beach,** westl. von Panama City 🔲 C2: Gelistet als schönster Strand Floridas – schneeweiße Dünen, auch ein Campingplatz.

STRÄNDE FÜR KINDER

Generell eignen sich für kleinere Kinder vor allem die Strände der Westküste zwischen Naples und Clearwater: Die Ufer am Golf von Mexiko sind seichter als diejenigen am Atlantik, das Wasser ist wärmer und die Wellen weniger rau. Sind die Kids schon älter, zählen mehr Action, Abwechslung und gleichaltriges Publikum, etwa in quirligen Strandorten wie St. Petersburg Beach, Fort Lauderdale, Daytona Beach oder Clearwater Beach. Ein guter Tipp für Familien ist an der Ostküste der von einem Riff geschützte **Bathtub Beach** auf Hutchinson Island bei Stuart.

SICHERHEIT AM STRAND

An allen öffentlichen Stränden Floridas wird mit Schautafeln und teils auch Flaggen vor eventuellen örtlichen Gefahren gewarnt: Zu manchen Jahreszeiten treten Quallen auf, Strömungen vor der Küste können das Schwimmen gefährlich machen, oder es werden bisweilen sogar Haie gesichtet.

UNTERKUNFT

Ob Luxus-, Pauschal-, Campingurlaub oder Rundreise – Florida lebt vom Tourismus. Entsprechend groß ist auch die Auswahl an Unterkünften: Von edlen Golfresorts und noblen Strandhotels bis zu historischen Gasthäusern, von riesigen Ferienanlagen mit Poollandschaften bis zu einfachen, preisgünstigen Motels und schönen Ferienhäusern oder -apartments ist alles zu finden.

HOTELS UND MOTELS

Der Standard der Hotels und Motels ist im Allgemeinen sehr gut: Telefon, Fernsehen, eigenes Bad oder Dusche gehören auch in den kleineren Motels zur Grundausstattung der Zimmer. Fast alle größeren Ferienhotels haben fantasievoll gestaltete Swimmingpools, Golf- oder Tennisplätze und vermieten Surfbretter und andere Wassersportgeräte.

Während einer Rundfahrt kann man sowohl in Strandorten als auch im Landesinneren preisgünstig in den Häusern der sogenannten *economy motels* übernachten. Hierzu zählen etwa die Ketten Motel 6, Super 8, Americas Best Value Inn, La Quinta oder Econo Lodge. Etwas gehobener und leicht teurer sind Ketten wie Hampton Inn, Fairfield Inn oder Holiday Inn Express. Man kann innerhalb all dieser Ketten Buchungen von einem Motel zum nächsten vornehmen.

Über die in den USA gebührenfreien 1-800-, 866-, 877- oder 888-Nummern und die Webseiten der jeweiligen Ketten ist es möglich, ein Zimmer zu reservieren. Hierfür ist normalerweise die Angabe einer Kreditkartennummer erforderlich, da man sonst spätestens bis 18 Uhr einchecken muss.

Luxus pur direkt am Strand bietet das Hotel Loews Miami Beach

SPITZEN-STRANDHOTELS

- Das **Loews Miami Beach** verbucht alle Pluspunkte für sich: Ideallage direkt am Strand von Miami Beach, die Art-déco-Bauten und der Szenetrubel des Ocean Drive in Laufweite, aber drinnen ist das Resort ein eleganter Hort der Ruhe. > S. 67
- Das denkmalgeschützte Resort **Casa Marina Resort** in Key West wurde schon 1920 gebaut. Doch die Zimmer sind modern renoviert, und das Hotel liegt direkt am einzigen längeren Privatstrand der Insel. > S. 79
- Ein Balkon mit Blick auf Meer und Sonnenuntergang, ein feiner weißer Sandstrand, geschmackvoll möblierte Zimmer und Apartments und zwei Golfplätze vor der Haustüre: All dies bietet der **Longboat Key Club** vor Bradenton an der Golfküste. > S. 125
- Legere Atmosphäre regiert in dem von Palmen umrahmten kleinen **Pink Shell Beach Resort** in Laufweite zum Zentrum von Fort Myers Beach. Vor dem schönen, kinderfreundlichen Pool erstreckt sich ein weißer, breiter Sandstrand. > S. 128
- Vorne ein langer weißer Strand, hinten ein von Palmen umrahmter Golfplatz, dazwischen das **Naples Beach Hotel** mit einer schönen Strandbar-Terrasse für den Sundowner am Golf von Mexiko. Was will man mehr? > S. 131

BED & BREAKFAST

B&B – meist in liebevoll restaurierten viktorianischen Häusern und historischen Inns – hat sich in Florida erst in jüngerer Zeit verstärkt verbreitet. In den oft mit Antiquitäten ausgestatteten B&B Inns liegt der Preis etwas höher, meist zwischen 80 und 150 $, in luxuriösen Suiten manchmal weit darüber. Die meisten B&Bs findet man in den älteren Orten der nördlichen Atlantikküste sowie im Panhandle. Aber auch in Südflorida entstehen laufend neue Inns. Adressen – auch zur kurzfristigen Buchung – sind in den Visitor Bureaus erhältlich.

FERIENHÄUSER/APARTMENTS

Eine sehr gute und beliebte Möglichkeit, komfortabel und relativ preiswert für einige Tage, eine Woche oder auch mehrere Wintermonate in Florida zu wohnen, ist ein Ferienhaus oder -apartment zu buchen. Die Häuser sind oft recht luxuriös ausgestattet, haben eigenen Pool, Garten und z.T. sogar ein Boot oder Auto zur Benutzung dabei.

Einige Reiseveranstalter vermitten Ferienhäuser, man kann aber auch direkt bei privaten Vermietern buchen. Manchmal bieten – wie etwa im Raum Fort Myers/Cape Coral – Besitzer ihre Immobilien über deutsche Zeitungen zur Miete an, oder man sieht sich im Internet bei den Vermittlern die Häuser an. Oft vermitteln auch örtliche Grundstücksmakler (*real estate agents* oder *rentals agents*) entsprechende Häuser und Apartments. In der Regel muss man bei der Buchung

Ferienhäuser werden in Florida in allen Preisklassen angeboten

einen Teil der Miete vorab anzahlen – am besten per Kreditkarte. Dann können Sie im Falle von Unstimmigkeiten das Geld zurückfordern. Wenn kleinere Direktvermieter mit nur ein oder zwei Häusern Anzahlungen nur als Überweisung *(money order)* akzeptieren, heißt das aber nicht, dass sie unseriös sind.

Einen guten Eindruck inklusive Bildern von den angebotenen Ferienhäusern und -wohnungen geben deutschsprachige Portale wie www.housetrip.de, www.wimdu.de oder www.casamundo.de sowie internationale Websites wie www.vacationrentals.com, www.vrbo.com oder www.gulfcoastrentals.com.

CAMPING

In den State Parks und im Everglades National Park findet man einfach ausgestattete, meist schön gelegene staatliche Campingplätze (Gebühren 16–42 $). Zum Stellplatz gehören oft eine Feuerstelle und eine Holztisch-/-bank-Kombination; Waschgelegenheit (z.T. mit Duschen) und Toiletten sind nahebei. Campingplätze im Everglades N.P. können für Nov.–April unter Tel. 518-885-3639, www.recreation.gov vorab per Kreditkarte reserviert werden, die Plätze der State Parks unter Tel. 1-800-326-3521, www.reserveamerica.com. Ansonsten sollte man möglichst früh am Tag kommen, um sich einen Platz für die Nacht zu sichern. Das Prinzip ist *first come, first serve,* also »wer zuerst kommt, mahlt zuerst«.

Die zahlreichen privaten Campingplätze sind zumeist sehr gut ausgestattet (30–100 $ pro Nacht für 2 Personen). Zu den besten gehören die Plätze der KOA, die auch einen eigenen Führer herausgibt, den man bei jedem ihrer Plätze gratis erhält (Kampgrounds of America Inc., www.koa.com).

Muße beim Angeln am
Blind Pass Beach, Sanibel Island

LAND & LEUTE

STECKBRIEF

- **Fläche:** 151 714 km², maximale Ausdehnung N–S ca. 730 km, W–O 580 km
- **Bevölkerung:** 21 Mio. Einw., an 3. Stelle der US-Staaten, 140 Einw./km²
- **Hauptstadt:** Tallahassee (380 000 Einw.)
- **Größte Städte** (Einw. Metropolitan Areas): Miami/Fort Lauderdale (6,1 Mio.), Tampa/St. Petersburg (3,1 Mio.), Orlando/Kissimmee (2,5 Mio.), Jacksonville (1,5 Mio.)
- **Höchster Punkt:** Britton Hill (105 m ü.NN) im Nordwesten Floridas
- **Währung:** US-Dollar ($)
- **Zeitzone:** Eastern Standard Time (MEZ −6 Std.), westlich von Tallahassee Central Time (MEZ −7 Std.). Sommerzeit vom 2. So im März bis 1. So im November
- **Landesvorwahl:** 001

LAGE UND LANDSCHAFT

Florida, der südlichste US-Bundesstaat auf dem amerikanischen Festland, erstreckt sich zwischen 24° und 31° nördlicher Länge sowie 79° und 87° westlicher Breite. Den Großteil Floridas bildet eine gut 700 km lange Halbinsel, begrenzt im Osten vom Atlantik, im Westen vom Golf von Mexiko und im Süden vom Karibischen Meer.

Das fast völlig ebene Binnenland wird von großen Seenplatten bestimmt. Die beiden lang gestreckten Küsten Floridas sind jedoch durchaus unterschiedlich: Die Westküste am Golf von Mexiko wird durch große Buchten mit vorgelagerten Inseln geprägt, zwischen St. Petersburg und Naples finden sich einige der schönsten Strände der USA. Die Atlantikküste im Osten zieht sich dagegen wie ein einziger langer Strand von Miami bis St. Augustine. Zahlreiche Düneninseln, sogenannte *barrier islands*, schützen das Festland vor den Brechern des Atlantiks. Dicht vor der Küste verläuft hier der Golfstrom und trägt warmes Wasser aus dem Golf von Mexiko über den Atlantik bis Europa.

BEVÖLKERUNG

Mit 1–3 % Bevölkerungszuwachs pro Jahr zählt Florida zu den am schnellsten wachsenden US-Bundesstaaten, wozu Arbeits- und Ruhestandsmigranten aus dem Norden und internationale Zuwanderer erheblich beitragen Von den heute gut 21 Mio. Einwohnern sind mehr als 80 % weißer Hautfarbe. Der Anteil der Afroamerikaner ist mit etwa 17 % im Vergleich zu den übrigen Südstaaten gering. Gut 20 % der Bevölkerung sind sogenannte *hispanics* – Einwanderer aus Kuba, Haiti oder anderen mittel- und südamerikanischen Ländern; allein die Kubaner zählen heute mehr als 1 Mio. Menschen. Die meisten leben im Großraum der Metropole Miami, die als heimliche Hauptstadt Lateinamerikas gilt. Spanisch wird hier häufiger gesprochen als Englisch.

Gering ist dagegen der Anteil der *first nations,* der Ureinwohner: Floridas ursprüngliche Indianerstämme starben bereits im 18. Jh. aus; nur von den Nachkommen der aus Georgia eingewanderten Seminolen leben heute noch einige Tausend vor allem in Reservaten am Rande der Everglades westlich von Miami und Fort Lauderdale.

POLITIK UND VERWALTUNG

Nach dem Vorbild der US-Bundesregierung in Washington besteht die Regierung Floridas aus Legislative mit Senat und Repräsentantenhaus, einem Gouverneur und einem Obersten Gerichtshof mit Sitz in Tallahassee. Historisch gesehen ist die Lage der Hauptstadt ganz im Norden verständlich, denn dort siedelten die ersten weißen Pioniere.

Als Bundesstaat ist Florida mit zwei Senatoren und 23 Abgeordneten in Washington vertreten, wo die Entscheidungen in den Bereichen Außenpolitik, Verteidigung, Verfassungsrecht, Sozial- und Finanzpolitik für die gesamten USA getroffen werden. Florida hat jedoch die Kompetenz für das Schulwesen und die Polizei, für die bürgerliche und Strafgerichtsbarkeit sowie die Kulturpolitik. Nach den Wahlen Ende 2018 wechselte Floridas republikanischer Gouverneur Rick Scott als Senator nach Washington, sein Nachfolger im Bundesstaat wurde mit knapper Mehrheit Ron DeSantis, ebenfalls Republikaner

WIRTSCHAFT

Floridas wichtigster Wirtschaftbereich ist der Dienstleistungssektor und hier besonders der Tourismus: Jedes Jahr kommen über 110 Mio. Besucher und geben fast 70 Mrd. $ aus.

Der Sonnenstaat ist aber auch einer der wichtigsten Agrarproduzenten Amerikas mit bis zu drei Ernten pro Jahr im Süden. Auf knapp 300 000 ha Agrarland werden Zitrusfrüchte für den Export im Inland, nach Kanada, Japan und Europa angebaut. Ebenfalls bedeutend sind der Handel mit Lateinamerika sowie die Küstenfischerei.

Mit der Eröffnung des Raumfahrtzentrums Cape Canaveral wurde Florida seit den 1950er-Jahren zu einem bedeutenden Standort für Forschungslabors, Rüstungsbetriebe sowie Hightech- und Elektronik- und weitere Zukunftsindustrien. Die globale Finanzkrise von 2008/2009 traf Florida besonders im Immobiliensektor. Seit 2012/13 hat die Wirtschaft des Sonnenstaates aber wieder auf Wachstum umgeschaltet.

GESCHICHTE IM ÜBERBLICK

Ab ca. 30 000 v. Chr. ziehen nomadische Stämme aus Asien über die Beringstraße nach Amerika und besiedeln den Kontinent, um 8000 v. Chr. verbreiten sie sich über das Mississippital bis nach Florida. Jagd und Fischerei sind ihre Lebensgrundlage, ab ca. 2000 v. Chr. werden sie sesshaft und pflanzen Mais an. Als Columbus die Neue Welt entdeckt, leben wohl mindestens 100 000 Indianer in Florida.

1513 In der Osterzeit betritt der spanische Konquistador Juan Ponce de León als erster Weißer den Boden der Halbinsel in der Nähe des heutigen St. Augustine und benennt sie nach dem spanischen Osterfest *pascua florida*.

1565 Der Spanier Pedro Menéndez de Avilés entdeckt an der Nordostküste einen großen Naturhafen, das heutige St. Augustine. Hier legt er den Grundstein für die erste dauerhafte Siedlung Floridas. In den Folgejahren beginnen spanische Franziskanermönche mit der Missionierung – mit der schrecklichen Folge, dass die Indianer durch die eingeschleppten europäischen Seuchen schnell dahinsterben.

1586 Der britische Seefahrer Sir Francis Drake überfällt und brandschatzt St. Augustine, weitere Überfälle folgen. Florida bleibt während der nächsten beiden Jahrhunderte zwischen Spaniern, Engländern und Franzosen umkämpft.

1763–1803 Wechselvolle Jahre: Nach dem Siebenjährigen Krieg erhalten die Engländer die Halbinsel Florida von den Spaniern im Tausch gegen Kuba. Bereits 1783 geht Florida als Ersatz für die Bahamas wieder an Spanien, das den Panhandle im Jahr 1800 an Napoleon abtritt. Der wiederum verkauft das Gebiet zusammen mit Lousiana 1803 an die Vereinigten Staaten.

1819–1824 Die USA kaufen von Spanien nach und nach die gesamte Halbinsel Florida. 1824 wird das neu gegründete Tallahassee Hauptstadt des neuen Florida Territory. Die Urbevölkerung Floridas ist mittlerweile nahezu ausgestorben.

1835–1842 Die aus dem Norden zugewanderten Seminolen-Indianer wehren sich erbittert gegen das Vorrücken der Weißen in Florida. Unter dem legendären Häuptling Osceola führen sie einen blutigen Krieg gegen die US-Truppen. 1837 wird Osceola gefangen genommen und stirbt in der Haft 1838. 1842 geben die Indianer ihren Kampf gegen die weiße Übermacht auf und werden nach Arkansas und Oklahoma deportiert. Nur 300 Seminolen können sich in den Sümpfen der Everglades verstecken.

1845 Florida wird als 27. Staat in die Union aufgenommen. Danach strömen verstärkt Siedler in Floridas Norden.

1861 Florida schließt sich im Sezessionskrieg der Konföderation der Südstaaten an.

1883 Die große Ära der Eisenbahnen beginnt, die Florida von

Norden her für Siedler und Touristen erschließen. Der Eisenbahnmagnat Henry Flagler baut seine »East Coast Railway« entlang der Atlantikküste über Palm Beach und Miami bis nach Key West (1912), sein Gegenspieler Henry B. Plant führt die Schienen der »Atlantic Coast Line« bis nach Tampa.
1923–1926 Immobilienboom nach Zins- und Steuernachlässen in Florida, der Tausende Investoren anzieht und v.a. durch einen gewaltigen Hurrikan jäh beedet wird.
1941–1945 Im Zweiten Weltkrieg entstehen in Florida große Militär-Trainingscamps. Viele Soldaten kehren nach dem Krieg als Urlauber zurück und tragen zum Tourismusboom der 1950er-Jahre bei.
1959 In den Jahren nach Fidel Castros Revolution fliehen rund 500 000 Kubaner nach Florida, die meisten siedeln sich in Miami an.
1961 Vom Versuchsgelände Cape Canaveral starten die ersten Raketen der USA in den Weltraum.
1969 Die Apollo-11-Mondlandung ist der erste große Erfolg des US-Weltraumprogramms.
1971 Bei Orlando öffnet Walt Disney World seine Tore, der erste Themenpark Floridas. Daraufhin entdeckt die Film- und Vergnügungsisdustrie Orlando, die Stadt wird zum Urlaubs-Trendziel.
2001 Nach den Terroranschlägen des 11. Septembers erlebt der internationale Floridatourismus einen drastischen Rückgang.
2008 Die Wirtschaftskrise schickt die Grundstückspreise in den Ferienzentren Floridas auf Talfahrt.

Die ersten Schritte auf dem Mond 1969

2009 US-Präsident Barack Obama leitet eine Wende in der Kuba-Politik ein und lockert die Embargos.
2011 Mit dem 40. Start im Sommer stellt die NASA das Space-Shuttle-Programm ein.
2012 Kuba gewährt weitgehende Reisefreiheit für seine Bürger, die nun erstmals ihre Verwandten in Florida besuchen können.
2014 Einsetzender Bauboom in Miami mit Großprojekten international renommierter Architekten.
2017 Im Sept. hinterlässt Hurrikan »Irma« eine Schneise der Verwüstung v.a. auf den Florida Keys. Orlando verzeichnet mit 72 Mio. Gästen einen historischen Besucherrekord unter den US-Städten.
2018 Im Okt. trifft Hurrikan »Michael« mit voller Wucht auf Floridas Südostküste und verwüstet dort ganze Landstriche. Bei den Gouverneurswahlen in Florida im Nov. setzt sich der Republikaner Ron DeSantis knapp gegen den Demokraten Andrew Gillum durch.

NATUR & UMWELT

Wer zum ersten Mal Florida besucht, wird verblüfft sein, wie üppig tropisch grün der »Sunshine State« ist, obwohl er rein geografisch betrachtet in der subtropischen Zone liegt.

Die weiten Sumpfgebiete der Everglades sind bedrohtes UNESCO-Weltnaturerbe

Key West an der Südspitze der Keys liegt zwar noch rund 150 km nördlich des Wendekreises des Krebses, doch der Golfstrom sorgt in Südflorida dafür, dass das Meer sogar im Winter nie kälter wird als 20 °C – eine Grundvoraussetzung für die Bildung von Korallenriffen –, und wärmt indirekt auch die Luft über dem Land. So konnte sich auf den Keys und in den Sumpfgebieten der Everglades eine tropische Flora und Fauna entfalten, die sonst nur weiter südlich in Richtung Äquator zu finden ist.

FLORA UND FAUNA

Dank des milden Klimas und der reichlichen Niederschläge konnte sich in Florida eine besonders vielfältige Vegetation entwickeln. Von den Mangrovensümpfen im Süden bis zu den Kiefernwäldern des Nordens gedeihen insgesamt rund 3800 Pflanzenarten auf der Halbinsel, darunter seltene Orchideen und Bromelien in den Everglades sowie mystisch düstere Sumpfzypressenwälder mit jahrhundertealten Baumriesen.

Vielfältig ist auch die Fauna mit Waschbären, Rehen, Gürteltieren und fast 100 weiteren Säugetierarten, die sich oft verblüffend gut an den Menschen gewöhnt haben. Hinzu kommen rund 1200 Fisch- und Muschelarten, Meeressäuger wie Delfine und die seltenen Manatis, die sanften, bis zu 1500 kg schweren Seekühe › Seitenblick S. 74. Neben den großen Meeresschildkröten, die an Floridas Stränden laichen, und mehr als 50 Schlangenarten sind unter den Reptilien die um 1960 fast ausgerotteten Alligatoren berühmt, von denen heute wieder rund eine Million die Binnengewässer der Halbinsel bevölkern. Die seltenen Amerikanischen Krokodile bevorzugen dagegen das Salzwasser v.a. der Florida Bay. Eindrucksvoll und leicht zu beobachten ist die Vogelwelt mit weit über 400 Arten: von Pelikanen, Reihern und Rosa Löfflern bis – mit etwas Glück – Weißkopfseeadlern.

🗨 EIN NATURPARADIES AM VERDURSTEN

Die gewaltigen Sumpfgebiete der **Everglades** sind die letzte große Wildnisregion im Ostteil der USA mit einer einmaligen Flora und Fauna. Sie sind ein Refugium für einige bedrohte und endemische Arten, für zahlreiche Zugvögel und Alligatoren. Einst bedeckte das Feuchtgebiet, das die Indianer *Pahay-okee* (»fließendes Gras«) nannten, die gesamte Südspitze Floridas. Eigentlich habdelt es sich bei den Sümpfen um einen rund 80 km breiter Fluss, der mit sehr geringem Gefälle vom Lake Okeechobee nach Süden in die Florida Bay strömt. In den zentralen »Glades« dominieren Schilfgrasflächen, aus denen mancherorts *hammocks,* bucklige Waldinseln mit tropischen Harthölzern, ragen. Im nördlichen Teil bestimmen Sumpfzypressen und Kiefernwäldchen das Landschaftsbild, im Süden Richtung Küste Mangroven. Fast unmerklich gehen dort die Everglades in die Florida Bay über, und das Land löst sich in einem Gewirr von Inseln auf.
Doch das Naturparadies ist in Gefahr: Bereits um 1920 wurden Kanäle gezogen, der Lake Okeechobee eingedämmt und große Teile der nördlichen Everglades zu Farmland gemacht. Die Schäden im Ökosystem zeigten sich früh: Bereits in den 1930er-Jahren loderten Flächenbrände in den ausgetrockneten Sümpfen, die Tierbestände gingen drastisch zurück.
Buchstäblich in letzter Minute schuf die Regierung 1947 den Everglades National Park › S. 72, der etwa ein Viertel des ursprünglichen Marschlandes schützt. Der enorme Wasserbedarf der Metropole Miami, Phosphate und Pestizide aus Plantagen bedrohen die Sümpfe jedoch weiterhin. Erst in den 1980er-Jahren starteten Renaturierungen, wofür der Everglades Forever Act von 1994 2 Mrd. $ zur Verfügung stellte. Mit erstem Erfolg: 2007 konnten die Everglades als bedrohtes UNESCO-Weltnaturerbe von der roten Liste genommen werden, ab 2008 erwarb der Staat Florida Zuckerplantagenflächen am Lake Okeechobee, insgesamt sollen rund 750 km^2 renaturiert werden.

Homosassa Springs – eine von vielen artesischen Quellen Nordfloridas

SCHUTZGEBIETE

Auch wenn heute große Teile Floridas dicht besiedelt sind und so manche Naturregion durch Abholzen und Trockenlegen zerstört wurde, hat man doch frühzeitig begonnen, einzelne Gebiete als *national park, state park, reserve* oder *sanctuary* unter Naturschutz zu stellen.

So kann man heute in den National Parks Everglades, Biscayne und Dry Tortugas bzw. National Seashores Canaveral und Gulf Islands (www.nps.gov/state/fl), in den National Forests Apalachicola, Ocala und Osceola (www.fs.usda.gov/florida) und in rund 175 State Parks (www.floridastateparks.org) die ursprüngliche Vegetation und Tierwelt Floridas erleben.

ARTESISCHE QUELLEN

Dicke Sedimentschichten aus porösem Kalk bilden das Grundgestein in fast allen Regionen Floridas, dazwischen liegen wasserundurchlässige Lehm- und Tonschichten. So konnten sich im Laufe von Jahrtausenden gewaltige Regenwasser-Reservoire, *aquifers* genannt, bilden. Im Norden Floridas ist das Gewicht der darüber lastenden Gesteinsschichten so groß, dass das das Wasser in mehr als 300 artesischen Quellen an die Oberfläche gedrückt wird. In der größten Quelle, Wakulla Springs › S. 139. nahe Tallahassee, schießen pro Sekunde bis zu 50 000 l glasklares Tiefenwasser aus dem Fels.

Anders sieht es Richtung Süden aus, wo durch den hohen Wasserbedarf etwa aus dem Biscayne Aquifer unter Miami und den Everglades der Wasserdruck gesunken ist. Die Folge ist, dass seit einigen Jahrzehnten Meerwasser aus dem Atlantik in den Kalkstein eindringt und bis in die Everglades hinein die Brunnen versalzt. Eine zentrale Aufgabe für die Zukunft Floridas wird sein, das natürliche Gleichgewicht der Aquifers wiederherzustellen.

KUNST & KULTUR

Florida ist jung, sehr jung. Aus frühen Tagen ist nur wenig erhalten: einige prähistorische Muschelhügel, Ausgrabungen indianischer Kulturen, eine hübsche Altstadt aus spanischer Zeit in St. Augustine, spanisch-maurisch angehauchte Prachthotels aus der Eisenbahnära. Das war's eigentlich.

BILDENDE UND DARSTELLENDE KÜNSTE

Im modernen Florida wird Kultur aber durchaus geschätzt: Selbst kleine Orte wie Sarasota oder Palm Beach leisten sich Theater und sogar Opernhäuser, Miami Beach hat seit 2011 mit der New World Symphony einen neuen Musentempel von Frank Gehry. Dazu findet man in Floridas Städten großartige Kunstmuseen wie etwa das Dalí Museum in St. Petersburg, das Norton Museum of Art in West Palm Beach oder das Ringling Museum in Sarasota – alles Stiftungen betuchter Mäzene.

ARCHITEKTUR

Im Ferienstaat Florida hat die Freizeitarchitektur Blüten getrieben wie kaum sonst irgendwo. Dies begann bereits in den 1920er-/30er-Jahren, als in Miami Beach ein Hotel oder Apartmenthaus nach dem anderen in schönstem Art déco fertiggestellt wurde. Es entstand ein einzigartiges Ensemble von Fassaden, das heute als Art Deco District – prächtig renoviert – eine Attraktion für Architekturinteressierte aus aller Welt ist › S. 61.

»PAPA« HEMINGWAY IN KEY WEST

Kein Literat ist mit Florida enger verknüpft als der Nobelpreisträger Ernest Hemingway (1899–1961): 1928 kam Hemingway mit seiner damaligen Frau Pauline erstmals nach Key West. Die Stadt gefiel ihm auf Anhieb – dass die Prohibition in Key West nicht so ernst genommen wurde, hat wohl dazu beigetragen. Hemingways Zechtouren mit »Sloppy Joe« Russell, dem Besitzer der gleichnamigen Bar, und anderen trinkfreudigen Freunden wurden legendär.

Mit finanzieller Hilfe von Paulines Onkel kaufte Hemingway 1931 ein altes Haus auf der Insel und ließ es renovieren. Dann begann eine wilde und produktive Zeit für den Schriftsteller: Morgens schrieb er, nachmittags fuhr er zum Hochseeangeln, abends wurde bei »Sloppy Joe's« gebechert. Hier lernte Hemingway 1936 auch seine dritte Frau Martha Gellhorn kennen, mit der er in den 1940ern nach Kuba zog. Während seiner Jahre in Key West schrieb Hemingway Klassiker wie »Tod am Nachmittag« und »Schnee auf dem Kilimandscharo«. Er verfasste aber auch von den Keys inspirierte Werke wie »Inseln im Strom« oder den sozialkritischen Roman »Haben und Nichthaben«.

Das WDW Dolphin in Orlando ist ein Exempel für moderne Disney-Resort-Architektur

Wegweisende Trends hat Florida seit den 1970er-Jahren hervorgebracht: In und um Orlando schufen Disney, Seaworld und Universal Studios die modernsten und größten Themenparks der Welt. Fantasiewelten aus dem Kreativlabor für die Urlauber des 21. Jahrhunderts, die mittlerweile weltweit nachgeahmt werden. Dazu bauten postmoderne Architekten wie der Japaner Arata Isozaki oder Michael Graves Fantasie-Hotels wie z.B. das WDW Dolphin am Lake Buenavista. Es entstanden sogar komplett neue Designer-Städte der Zukunft wie die Disney-Wohnstadt Celebration oder Seaside in Nordflorida.

FESTE & VERANSTALTUNGEN

Viele der Feste Floridas finden im kühleren Winterhalbjahr statt: Dann gibt es Sportveranstaltungen, Folklorefeste der hispanischen Einwanderer und Seafood- oder Hafenfestivals, bei denen die lange Verbindung des Sunshine State mit dem Meer gefeiert wird.

FESTKALENDER

2. Wochenende im Januar: Mit Oldtimerparaden, Straßenständen und Musik feiert Miami Beach beim **Art Deco Weekend** seine Architekturgeschichte.

2. Wochenende im Februar: Zu den Powwow-Tänzen beim **Seminole Tribal Fair** in Hollywood bei Fort Lauderdale treffen sich Angehörige vieler Stämme.

Mitte Februar: Edison Festival of Light. Mit einer Lichterparade wird in Fort Myers der Erfinder der Glühbirne geehrt. Beim **Daytona 500,** dem berühmtesten Stockcar-Rennen Amerikas, rasen NASCAR-

Sportwagen durchs Oval. Das **Coconut Grove Arts Festival** ist ein traditionsreiches jährliches Künstlerfest in Miami mit Events und Musik.

3. Wochenende im Februar: Beim **Silver Spurs Rodeo** bei Orlando, dem größten östlich des Mississippi, treten Profi-Cowboys aus ganz Amerika an.

2. Woche im März: Die **Daytona Bike Week,** ein populäres Biker-Treffen, zieht eine halbe Million Motorradfahrer – nicht nur auf Harley-Davidsons – nach Daytona Beach; mit Rennen und riesigem Rahmenprogramm.

Ende März: Zum **Miami Open** reisen die besten Tennisspieler der Welt nach Key Biscayne, Miami.

Anfang Juni: Zweites jährliches **Silver Spurs Rodeo** in Kissimmee.

4. Juli: Independence Day – am amerikanischen Unabhängigkeitstag werden in vielen Orten Floridas Paraden abgehalten, man trifft sich zum traditionellen Picknick und abends steigen spektakuläre Feuerwerke.

Mitte Juli: Bei den **Hemingway Days** in Key West wird das beste Papa-Ernest-Double prämiert.

Ende Oktober: Die **Fort Lauderdale International Boat Show,** Amerikas größte Bootsmesse, zeigt die schönsten Jachten der Neuen Welt.

31. Oktober: Halloween – überall verkleiden sich die Kinder und ziehen durch die Straßen. Beim skurrilen **Fantasy Fest** in Key West dürfen auch die Erwachsenen mitspielen, Gays aus ganz Amerika reisen in den fantasievollsten Kostümen an.

Anfang Dezember: Die **Art Basel Miami Beach** bietet fünf Tage Kunstevents, Filme und Vernissagen vor der Kulisse des Art-déco-Viertels.

ESSEN & TRINKEN

Wer befürchtet, sich in Florida nur von Hamburgern ernähren zu müssen, wird angenehm überrascht sein.

Natürlich gibt es überall Fast-Food- und Pizzalokale, aber inzwischen ist Florida neben New York ein kulinarischer Trendsetter an der Ostküste. Karibische und südamerikanische Einflüsse wie auch die Ansprüche der vielen internationalen Besucher haben Floridas Küche bereichert. Die Palette ethnischer Restaurants reicht von kubanisch über thailändisch bis griechisch.

In kleineren Orten wird abends bereits ab 17.30 Uhr gegessen, um 21 Uhr gehen in vielen Lokalen schon die Öfen aus. Und in den meisten Restaurants sucht man sich den Platz nicht selbst, sondern wird von der *hostess* zum Tisch geführt. › mehr S. 19 Punkt **48**

FRISCHE ZUTATEN

Kulinarischer Pluspunkt Floridas ist die Verfügbarkeit frischer Zutaten rund ums Jahr: Orangen und Grapefruits kommen zum Frühstück, meist als Säfte, frisch auf den Tisch, oder werden zu Puddings und anderen

TOP-LOKALE AM WASSER

- Direkt am Wasser gibt es in Miami nur ganz wenige Lokale. Das gepflegte Fischlokal **Rusty Pelican** auf Key Biscayne ist eines davon und lockt mit einer guten Auswahl an kreativen Gerichten inklusive tollem Blick über die Biscayne Bay, den Hafen und auf die Skyline von Miami. > S. 68
- Seit 1941 steht der **Ocean Grill** auf einer Sanddüne in Vero Beach. Herrlich altmodisch sieht das Lokal mit seinen verwitterten Holzwänden aus, serviert wird aber ganz feiner Fisch auf weiß gedeckten Tischen. > S. 104
- Zwar nicht aufs Meer, aber auf die Lagunen und Salzmarschen am Halifax River schaut man vom Lokal **Saltwater Cowboys** in St. Augustine, das Alligator-Steak und andere deftige Florida-Spezialitäten serviert. > S. 112
- **Sloppy Joe's** in Key West bietet keinen Meerblick, wohl aber der Ableger des legendären Lokals an der Golfküste bei St. Petersburg. Sehr schön sitzt man auf der Terrasse am Strand und genießt den Sonnenuntergang mit Livemusik-Begleitung. > S. 124
- Einfache aber gute Gerichte werden in dem rustikalen Fischlokal **Big Deck Raw Bar** am Hafen von Cedar Key aufgetischt – besonders stimmungsvoll bei kaltem Bier oder Drink zum Sonnenuntergang. > S. 137

Süßspeisen verarbeitet. Für die Hauptgerichte auf den Speisekarten liefern die Rinderweiden im Binnenland Nordfloridas saftige Steaks und die warmen Gewässer von Atlantik und des Golfs von Mexiko frischen Fisch. Seebarbe *(red snapper)*, Goldmakrele *(pompano)* und Schwertfisch *(swordfish)* zählen zu den beliebtesten Speisefischen. Manchmal findet man auch *dolphin* auf dem Teller – aber das ist dann nicht etwa das Fleisch des liebenswerten Flipper aus dem Ozeanarium, sondern ein vorzüglicher Speisefisch, oft auch *mahi-mahi* genannt.

NEW WORLD CUISINE

Mit der Nouvelle Cuisine in Europa begannen auch kreative Köche insbesondere in Miami neue Wege zu gehen. Grundlagen dieser sogenannten New World Cuisine wurden frische saisonale Basisprodukte aus der Region, leichte Soßen, innovative Zubereitungsarten und vor allem die Einflüsse aus Lateinamerika und der Karibik, aus Kalifornien und Fernost.

Seither stehen auf den Speisekarten Kreationen wie Thunfisch in Limettensoße, pikante kubanische Blackbean-Suppe, *coconut shrimp* (in Kokosraspel gebackene Krabben) mit Salsa aus Papayas und Mangos oder jamaikanisches *jerk chicken* auf Curry-Mandarinen-Reis. Der Fantasie sind keine Grenzen gesetzt, und mittlerweile hat sich die innovative Kochkunst über den ganzen Staat verbreitet und ist zum Klassiker geworden.

REGIONALKÜCHE

Spezialitäten der Keys sind Steinkrabben (nur im Winter) und *conchs*, große Meeresschnecken, die mit Maismehl frittiert als »Conch Fritters« oder in sämiger Suppe als *conch chowder* serviert werden. Unbedingt probieren sollten Sie die berühmteste Nachspeise Floridas: *key lime pie*, einen sahnigen, pastellgrünen Kuchen, der mit den kleinen, süßen Limetten der Inseln gebacken wird.

In Miami können Sie authentische kubanische Gerichte versuchen: dick belegte *Cuban sandwiches* zum Beispiel, *arroz con pollo* (Hühnchen mit gelbem Reis) oder *lechón asado* (mariniertes Spanferkel). Dazu gibt es *plátanos* (Kochbananen) und hinterher einen *café cubano,* einen gesüßten starken Kaffee, serviert in winzigen Tassen.

In Nordflorida hingegen wird mancherorts noch nach Südstaaten-Art gekocht: deftige Portionen von *barbecued chicken* (Huhn vom Holzkohlengrill) mit *sweet potatoes* (Süßkartoffeln), *hush puppies* (Maismehlkroketten) und *cornbread* (Maisbrot). Sehr beliebt ist es auch, Gerichte nach kreolischer Art *blackened* zuzubereiten: Fisch oder Fleisch wird beidseitig mit Pfeffer und Kräutern gut gewürzt und so heiß angebraten, dass außen eine schwarze Kruste entsteht und das Innere zart bleibt.

MIT UND OHNE ALKOHOL

In den Bars trinken die Amerikaner meist Bier oder auch karibische Cocktails wie Rum Runner, Banana Daiquiri oder Bahama Mama. Zum Essen wird fast immer Eiswasser serviert, dazu bestellt man (dünnes) amerikanisches bzw. (stärkeres) importiertes Bier oder auch kalifornischen Wein.

Als nichtalkoholische Getränke gibt es neben hervorragenden frisch gepressten Zitrussäften v.a. Eistee, Softdrinks oder den – ebenfalls sehr dünnen – amerikanischen Kaffee.

SHOPPING

Unterwegs in Florida findet man u.a. in den weitverbreiteten »Circle-K-Stores« entlang der Highways Snacks, Getränke und Reiseutensilien, in Grocery Supermarkets alles für den täglichen Bedarf und darüber hinaus.

Das eigentliche Shopping aber findet in den Shopping Malls statt, riesigen klimatisierten Einkaufspassagen mit Kaufhäusern und Boutiquen. Hier findet man die neuesten Trends von Freizeitkleidung, Jeans, Sportartikeln etc. – preiswert und manches in Europa gar nicht erhältlich. Markenware besonders günstig kann man in den Factory Outlets › S. 97 kaufen, die größte unter diesen Malls in den USA ist Sawgrass Mills › S. 100 bei Fort Lauderdale.

Mystische Morgenstimmung in den Sümpfen der Everglades

TOUREN & SEHENSWERTES

MIAMI & SÜDFLORIDA

»Mural Art« in Miamis Little Haiti

Im Süden ist Florida den Tropen am nächsten: Das zeigt sich in der pulsierenden Metropole Miami und an den Stränden von Miami Beach ebenso wie auf der Inselkette der Keys und in den Sümpfen der Everglades.

Bei Miami denkt man an strahlende Sonne, an endlose Strände, an schicke sonnengebräunte Menschen im Straßencafé oder Cabrio. Aber auch an Wirbelstürme, Kriminalität oder soziale Konflikte. Miami ist eine sehr widersprüchliche Stadt: faszinierend, schnelllebig, aufreizend und abstoßend zugleich – und vor allem geprägt von tropischem Flair: Hohe Palmen säumen die Boulevards, rote Bougainvilleen setzen Akzente zwischen weißen Villen, und an lauen Abenden brodelt das Szeneleben in den Terrassenlokalen und Cafés von Miami Beach.

Miami und sein Strandvorort Miami Beach bilden den urbanen Teil Südfloridas. Direkt am Rand der ultramodernen Stadt warten die urweltlichen Sümpfe der Everglades mit faszinierender Fauna und Flora. Das einzigartige Feuchtgebiet umfasst fast das gesamte Festland der Südspitze Floridas zwischen Atlantik, Florida Bay und Golf von Mexiko. Zivilisation und Städte gibt es nur an den Rändern der Sümpfe.

Ganz anders und attraktiver für Urlauber sind die Florida Keys. Die 200 km lange Inselkette südlich der Everglades bildet das tropische Ende Floridas: Hier warten von Palmen und Mangroven umsäumte, schimmernde Buchten, Riffe mit farbenprächtigen Fischen, Jachthäfen und natürlich stimmungsvolle Bars mit Blick in den Sonnenuntergang. Der Name »Keys« ist eine Verballhornung des spanischen *cayos* (Inseln). Für die Spanier jedoch, die die Eilande schon im 16. Jh. entdeckten, waren die Inseln wertlos. Die Entwicklung begann erst zu Anfang des 20. Jhs., als der Eisenbahnmagnat Henry Flagler eine Bahnlinie bis Key West baute. Allein schon die fast 200 km lange Straße über die Inselkette der Keys macht die Reise zu einem einmaligen Erlebnis: Der berühmte Overseas Highway hüpft über 42 Brücken von Insel zu Insel bis Key West. Wer gern schnorchelt, taucht, angelt oder segelt, sollte hier ruhig einige Tage einplanen. Gute Strände sind allerdings dünn gesät – das flache Wasser und die Riffe verhindern, dass Sand angespült wird.

Im Winter ist es in Florida am wärmsten in Miami Beach und auf den Keys; daher ist von Weihnachten bis Ostern Hochsaison. Dann und auch an Feiertagswochenenden im ganzen Jahr sollten Sie unbedingt vorab reservieren. Gut zu bereisen sind die Keys in der Nebensaison im Sommer, die Meeresbrise macht auch extrem hohe Temperaturen angenehm. Nur in den Everglades ist die Sommerhitze schwer erträgbar – Moskitos inklusive.

TOUREN IN DER REGION

AUF DIE KEYS

ROUTE: Miami > Key Largo > Islamorada > Key West

KARTE: Seite 58
LÄNGE: 2–3 Tage/260 km
PRAKTISCHE HINWEISE:
- Ein Mietwagen ist unerlässlich für eine individuelle Tour, für die Sie wegen des dichten Verkehrs mindestens zwei Tage für Hin- und Rückfahrt einplanen sollten. Die Turnpike-Route zwischen Miami und den Florida Keys ist mautpflichtig > S. 28.
- Alternativ ist auch der Transfer nach Key West per Minibus möglich, z. B. mit Keys Shuttle (Tel. 305-289-9997, http://keysshuttle.com).
- Die Adressen auf den Inseln werden oft nach *milemarkers* angegeben: MM 88 läge z. B. an oder nahe der US 1 beim Meilenstein 88 liegt; gezählt wird von Key West aus.
- Nützliche Infos zu den Keys unter www.fla-keys.de.

TOUR-START:
In **Miami** 2 > S. 63 beginnt die Tour auf der Brickell Avenue, die bald in den South Dixie Highway (Hwy. 1) übergeht. Schneller kommen Sie jedoch im chronisch dichten Stadtverkehr meist über die Autobahnen 836 und 821 aus dem Großraum Miami. Bei **Florida City** passiert man die östlichen Ausläufer der Everglades. Vor **Key Largo** 6 > S. 73 beginnt dann der **Overseas Highway** (US 1, Florida Keys Scenic Highway) mit einer ersten kurzen Brücke seinen langen Weg über die Inselwelt der Keys. Zunächst führt er durch kleinere Orte wie **Islamorada** 8 > S. 76, dann kommt immer mehr Wasser in Sicht.

Nach der Stadt **Marathon** 10 > S. 76 auf Vaca Key folgt die längste Brücke: die **Seven Mile Bridge:** In breiter Doppelspur führt sie auf 546 Betonpfeilern übers flache Meer – so weit, dass im Dunst am Horizont die nächste Insel oft gar nicht zu erkennen ist. > mehr S. 16 Punkt 25 Parallel zu dem straßenbautechnischen Meisterwerk von 1982 führt die einst von Henry Flagler erbaute alte Bahnbrücke, die nun als Angelpier dient.

Eine andere alte Brücke steht einige Kilometer weiter am Südende von **Bahia Honda Key,** wo sich im Bahia Honda State Park einer der wenigen Sandstrände der Keys erstreckt: Im Schatten großer Palmen sollte man sich ein paar Stunden Pause gönnen, um das rechte Karibik-Feeling zu bekommen.

Über einige kleinere Inseln geht es dann von **Big Pine Key** 11 > S. 77 noch eine halbe Fahrstunde weiter bis zum Ziel am Ende des Overseas Highway in **Key West** 12 > S. 77.

MIAMI & SÜDFLORIDA | 57

IN DIE EVERGLADES

ROUTE: Miami › Florida City › Flamingo

KARTE: Seite 58
LÄNGE: 1 Tag/260 km
PRAKTISCHE HINWEISE:
- Für die Fahrt auf eigene Faust ist ein Mietfahrzeug nötig. Dabei sollten Sie versuchen, bei der Rückfahrt nach Miami den stärksten Feierabendverkehr zwischen 16 und 18 Uhr zu vermeiden.
- Von den Hotels in Miami Beach aus werden auch geführte Sightseeing-Touren angeboten.
- Nützliche Infos zu den Everglades unter www.nps.gov/ever.

TOUR-START:

Von **Miami** 2 › S. 63 aus bringt Sie die US 1 (oder I-836 und I-821) südwärts aus der Stadt. In **Florida City** beginnt die SR 9336, die durch große Gemüsefelder nach Südwesten zum **Ernest Coe Visitor Center, dem** Eingang des **Everglades National Park** 4 › S. 72 führt. Etwas südwestlich davon sind auf den kurzen Trails um das **Royal Palm Visitor Center** bereits viele der typischen Tiere der Sümpfe zu sehen. Aber für Naturfreunde lohnt es sich, die Parkstraße weiterzufahren: Der **Pahayokee Overlook,** ein befestigter Trail mit Aussichtsplattform, erlaubt einen weiten Blick über die Schilfgrasebenen.

Am Ende der Straße, an der Florida Bay bei **Flamingo** › S. 73, warten Lagunen und Mangrovensümpfe. An der Flamingo Marina können Sie ein Kanu für Ausflüge mieten oder eine Bootstour durch die Mangroven buchen (wg. Hurrikanschäden von 2017 zzt. nicht möglich).

ZU DEN TEN THOUSAND ISLANDS

ROUTE: Miami › Shark Valley › Everglades City › Miami

KARTE: Seite 58
LÄNGE: 1–2 Tage/265 km hin und zurück
PRAKTISCHE HINWEISE:
- Ein Mietwagen ist für die Tour am besten. Planen Sie in Everglades City eine Übernachtung ein, als Tagestour wäre eine kürzere Fahrt bis Shark Valley gut zu machen.
- Bustouren und Fahrräder für eine Radtour in Shark Valley können unter Tel. 305-221-8455 vorab gebucht werden.

TOUR-START:

Nehmen Sie innerhalb **Miamis** 2 › S. 63 nicht Stadtstraßen, sondern die Highways I-836 und I-821 nach Westen bis zur SR 41 am Rand der Everglades. Oft auch als **Tamiami**

Trail (Tampa – Miami) bezeichnet, führt die SR 41 in langen Geraden quer durch die Sümpfe. An mehreren Stellen werden Propellerboot-Touren angeboten, rasante Fahrten über endlos weite Schilfflächen, zu buchen etwa bei Coopertown Airboats (Tel. 305-226-6048, http://coopertownairboats.com) im Osten oder Wooten's Airboat Tours (Tel. 239-695-2781 oder 800-282-2781, www.wootenseverglades.com) im Westen des Tamiami Trail.

Ruhiger – und mit mehr Chancen, auch Tiere zu sehen – erleben Sie die Sümpfe am Nordeingang des Everglades National Park im **Shark Valley,** entweder mit einer kleinen Bahn oder per Fahrrad. Eine für Kfz gesperrte Straße folgt einem 24 km langen Rundkurs durch die Sümpfe. Vor allem im Winter sind in den

TOUREN IN SÜDFLORIDA

TOUR ❶
AUF DIE KEYS

Miami › Key Largo › Islamorada › Key West

TOUR ❷
IN DIE EVERGLADES

Miami › Florida City › Flamingo

TOUR ❸
ZU DEN TEN THOUSAND ISLANDS

Miami › Shark Valley › Everglades City

Kanälen Alligatoren und Wasservögel zu sehen (Radvermietung am Parkeingang). › mehr S. 13 Punkt ❻

Westlich des Nationalparks schließt die **Big Cypress National Preserve** an, die den etwas trockeneren Nordteil der Everglades schützt. Am Highway 41 liegen mehrere Palisadendörfer der Seminolen-Indianer, die hier noch relativ traditionell leben. Auf Touristendollar verzichten sie dennoch ungern, und so lassen sie sich mit desinteressierter Miene in ihren Dörfern besichtigen.

Wenig später zweigt die SR 29 nach **Everglades City** 5 › S. 73 ab, wo Boots- und Kanutouren ins Insellabyrinth der **Ten Thousand Islands** angeboten werden und man vor der Rückreise am nächsten Tag übernachten kann.

UNTERWEGS IN DER REGION

MIAMI & MIAMI BEACH

Niemand weiß genau, wie viele Einwohner die Metropole Miami heute hat. Man schätzt, dass rings um die Biscayne Bay zwischen Florida City und Fort Lauderdale rund 6,1 Mio. Menschen leben. Die Dunkelziffer der illegalen Einwanderer ist jedoch hoch. Man vermutet, dass bis zu 60 % der Einwohner spanischsprachig sind – Menschen, die aus Kuba und anderen mittelamerikanischen Ländern stammen. Zugleich ist Miami als Tor zu Mittel- und Südamerika eines der wichtigsten Finanzzentren auf dem Kontinent. Quasi jede Firma, jede Bank, die Geschäfte mit Lateinamerika tätigt, hat eine Niederlassung in Miami.

Drüben am Atlantik, in Miami Beach, residieren die Touristen und die wohlhabenden Zugezogenen. Ein Viertel aller Touristenbetten Floridas steht auf dem lang gestreckten Inselstreifen jenseits der Biscayne Bay. Miami Beach – offiziell eine eigenständige Stadt – ist das Domizil der reichen Rentner. Denn ein Viertel aller Amerikaner, die mit über 65 noch einmal den Wohnsitz wechseln, zieht es nach Florida, viele davon hierher. Miami Beach ist aber auch der Nabel der Welt für Lebenskünstler, Sonnyboys und Partygirls, echte und Möchtegern-Promis. Auf der Flaniermeile Ocean Drive oder an der Lincoln Road geben sich im brodelnden Gewimmel Touristen, Selbstdarsteller und Fotomodelle ein Stelldichein. Sie sitzen in den unzähligen Straßencafés, beobachten das Treiben und freuen sich, dass das Leben so »easy« zu sein scheint.

GESCHICHTE

Bereits im 17. Jh. landeten die Spanier an der Mündung des Miami River in die Biscayne Bay. Doch es war heiß und schwül, und die Moskitos machten ihnen ebenso zu schaffen wie die höchst unfreundlichen Tequesta-Indianer, aus deren

Sprache der Name *mayaime* stammt: »süßes Wasser«. Erst die Eisenbahn löste viel später den Aufstieg der Stadt aus, als der Magnat Henry Flagler seine East Coast Railway 1896 bis Miami vorangetrieben hatte. Der Geschäftsmann John Collins erkannte die Zeichen der Zeit und legte die versumpfte Insel trocken, auf der wenig später Miami Beach entstand. Schon 1915 war die Feriensiedlung vor den Toren von Miami eine eigene Stadt und erlebte bald einen Aufstieg zum berühmtesten Badeort der USA.

1959 rief Castro die Revolution aus, in der Folge flohen ca. 200000 Menschen von der Zuckerinsel nach Miami und Südflorida. Damals waren es vor allem Intellektuelle und Geschäftsleute, die mit Geld und Unternehmergeist ein neues Leben begannen. Später erreichten weitere Wellen von Flüchtlingen und Exilanten Miami – nicht mehr nur aus Kuba, sondern auch aus Haiti, Nicaragua und anderen lateinamerikanischen Staaten. Besonders die Kubaner, mit heute weit über 1 Mio. Menschen die stärkste hispanische Bevölkerungsgruppe, wurden über die Jahrzehnte in Miami sesshaft, kamen auch zu Wohlstand und entwickelten sich zu einer politischen Kraft in der Stadt.

Heute liegen Miami und Miami Beach voll im Trend, wie die Immobilienpreise zeigen, Stars wie Gloria Estefan oder Julio Iglesias leben hier in millionenteuren Villen.

ART DÉCO

Rund um den Ocean Drive in Miami Beach haben während der 1920er-und 1930er-Jahre die besten Baumeister Miamis ihre Träume von Art déco verwirklicht. Dieser Design- und Architekturstil entstand Anfang des 20. Jhs. in Paris, fand aber schnell den Weg über den Atlantik. Man baute mit Stahlbeton, sodass auch die futuristischsten Stromlinienformen zu verwirklichen waren. Nichts war unmöglich, man kreierte Fassaden mit pastellfarbenen Ornamenten, machte die häufig mit steinernen Augenbrauen verzierten Fenster mal rund, mal eckig und setzte den Häusern farbige Hüte aus Neonröhren auf. »Streamline-Moderne« und »Mediterranean Revival« waren die Schlagwörter der Stunde. Dem Zahn der Zeit widerstanden die massiv gebauten Art-déco-Häuser, doch Ende der 1970er-Jahre wäre beinahe das ganze Viertel dem Erdboden gleichgemacht worden. Zum Glück setzte sich gerade noch rechtzeitig eine Bürgerinitiative gegen die anrückenden Bulldozer ein.

Heute gilt der Art Deco District von South Beach als eines der schönsten Ensembles dieser Stilrichtung weltweit, über 800 der verspielten, originellen Bauten stehen unter Denkmalschutz. Viele wurden aufwendig als stilvolle Hotels renoviert, besonders sehenswerte Art-déco-Gebäude sind: **Essex House** (1001 Collins Ave.), **Cardozo Hotel** (1300 Ocean Dr.), **Marlin Hotel** (1200 Collins Ave.), **Park Central Hotel** (640 Ocean Dr.).

Am Ocean Drive im denkmalgeschützten Art-déco-Viertel von South Beach, Miami Beach

MIAMI BEACH 1 K8

Die »Beach City«, die via fünf Brücken mit dem Festland verbunden ist, ist für viele Besucher der attraktivste Teil der Metropole Miami. Fast 300 000 Menschen finden in der 90 000-Einwohner-Stadt ein Hotelbett – in einem der alten Apartmentbauten, in einem der originellen Art-déco-Hotels oder in einer der Luxusherbergen an der Collins Avenue bzw. dem Ocean Drive. Gleich davor beginnt der breite Sandstrand, der Miami Beach zum Atlantik hin säumt.

SOUTH BEACH 1 e2

Zentrum allen Geschehens ist hier der **Ocean Drive**, die Strandpromenade im restaurierten **Art Deco District** A zwischen der 5th und 15th Street. Vor der Kulisse der pastellfarbenen alten Hotels produzieren Models und Topfotografen Katalogfotos, fahren gestylte Latinos ihre auf Hochglanz polierten Straßenkreuzer spazieren, und halten die Szene-Stars Hof in schicken Bars. Als Besucher nimmt man teil, sitzt in einem der zahllosen Straßencafés oder Restaurants, gibt sich lässig und beobachtet. Führungen durch das Viertel veranstaltet tgl. um 10.30 und Do auch um 18.30 Uhr das **Art Deco Welcome Center,** wo man zudem Informationsbroschüren und Audioguides mit deutschsprachiger iPod-App erhält (mit Ausstellungen und Shop im Besucherzentrum; 1001 Ocean Dr., Tel. 305-672-2014, www.mdpl.org). > mehr S. 17 Punkt 36

Für Architektur- und Designfreunde lohnt sich ein Blick auf das 2011 eröffnete Konzerthaus von Frank Gehry, der **New World Symphony** (500 17th St., www.nws.edu, › mehr S. 13 Punkt ❺) sowie ein Besuch von **The Wolfsonian**: In dem prächtig restaurierten Artdéco-Lagerhaus finden wechselnde Designausstellungen statt (1001 Washington Ave., www.wolfsonian.org; Mi geschl.).

Für Kunstinteressierte bietet sich auch das **Bass Museum of Art** Ⓑ an: In einem Bau des Architekten Arata Isozaki werden große wechselnde Ausstellungen zeitgenössischer Kunst gezeigt, dazu einige alte Meister (2100 Collins Ave., www.thebass.org; Mo/Di geschl.).

Einen unerwarteten, aber wichtigen Kontrast zum leichten Leben in Miami Beach bildet hier das **Holocaust Memorial** an der Ecke Meridian Ave./Dade Blvd. Das Mahnmal in Form einer 12 m hohen bronzenen Hand wurde von der jüdischen Gemeinde Miamis errichtet und erinnert an die Verfolgung der Juden im Zweiten Weltkrieg.

COLLINS AVENUE e1

Von South Beach führt die Collins Avenue nach Norden bis zur renovierten **Lincoln Road**, einem weiteren beliebten Flanierviertel. Weiter nördlich liegen an der Collins Avenue die meisten Großhotels der Stadt, die vorwiegend während der

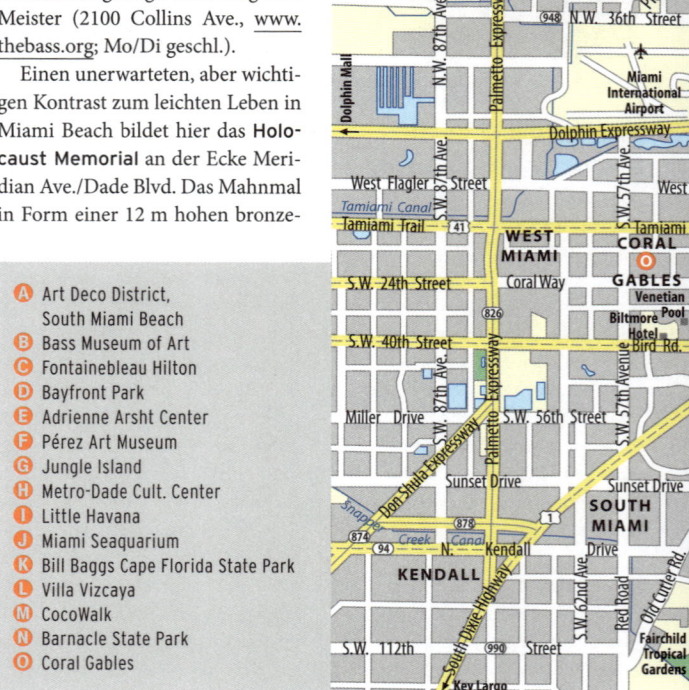

- Ⓐ Art Deco District, South Miami Beach
- Ⓑ Bass Museum of Art
- Ⓒ Fontainebleau Hilton
- Ⓓ Bayfront Park
- Ⓔ Adrienne Arsht Center
- Ⓕ Pérez Art Museum
- Ⓖ Jungle Island
- Ⓗ Metro-Dade Cult. Center
- Ⓘ Little Havana
- Ⓙ Miami Seaquarium
- Ⓚ Bill Baggs Cape Florida State Park
- Ⓛ Villa Vizcaya
- Ⓜ CocoWalk
- Ⓝ Barnacle State Park
- Ⓞ Coral Gables

1950er-Jahre entstanden sind. Herausragende Beispiele aus dieser Ära sind das **Fontainebleau Hilton** C (4441 Collins Ave.), ein traditionsreicher Luxuskomplex, und direkt nebenan das **Eden Roc** (4525 Collins Ave.), mit sehenswerter Lobby.

MIANI 2 K8/9

Das moderne Miami ist geprägt von Gegensätzen. Es gibt noble Viertel wie Coral Gables oder Bal Harbor, geschäftige wie Downtown, Künstlerdomänen wie Coconut Grove und auch sehr arme Stadtteile wie Liberty City, das fast ausschließlich von Afroamerikanern bewohnt ist, und wo es 1968 und 1980 zu schweren Unruhen kam. Little Havana erinnert dagegen eher an ein Viertel auf Kuba als an den Stadtteil einer US-Großstadt. Dennoch ist Miami durch und durch amerikanisch. Die Angloamerikaner sind zwar in der Minderheit, doch sie bestimmen nach wie vor das öffentliche Leben.

Metropole Miami

DOWNTOWN MIAMI 🟧 d2

Die Innenstadt von Miami ist nicht besonders groß, aber hoch: Die Bürotürme, die die charakteristische Skyline der Stadt bilden, stehen alle in Downtown. Der **Bayfront Park** 🟠 ist eine der beliebtesten Attraktionen Miamis. Direkt am Ufer der Biscayne Bay entlang erstreckt sich der **Bayside Marketplace**, ein weitläufiger Shoppingkomplex mit über 150 Boutiquen, Restaurants, Cafés und Galerien. Direkt davor soll in den nächsten Jahren ein 300 m hoher hpermoderner Aussichtsturm mit Entertainmentkomplex entstehen, der SkyRise Miami.

Ein Architekturhighlight der Innenstadt ist das **Adrienne Arsht Center** 🟠, das vom Argentinier Cesar Pelli entworfene Opernhaus der City sowie Zentrum weiterer Darstellender Künste (1300 Biscayne Blvd., www.arshtcenter.org).

Schräg gegenüber erhebt sich im **Museum Park** an der Biscayne Bay der 2013 eröffnete Kulturtempel der City: Das von Herzog & de Meuron geplante **Pérez Art Museum** 🟠, dessen Sammlung insbesondere zeitgenössische Kunst umfasst (1103 Biscayne Blvd., www.pamm.org; Di–So 10–18, Do bis 21 Uhr).

Eine Attraktion vor allem für Familien mit erlebenishungrigen Kids ist **Jungle Island** 🟠 am MacArthur Causeway auf Watson Island. Der 7 ha große tropische Naturpark bietet Gehege mit bunten Papageien, Flamingos in einer idyllischen Lagune sowie eine Zipline, einen Wasserpark und zahlreiche Shows mit Vögeln, zudem Affen, Raubkatzen und Reptilien (www.jungleisland.com; 53 $, Kinder 40 $).

Per Metromover oder zu Fuß über die Flagler Street, die Hauptstraße von Downtown, gelangt man zum **Metro-Dade Cultural Center** 🟠. Dort liegt an einem spanisch anmutenden Platz das Museum **HistoryMiami**, das anschaulich die Geschichte Südfloridas präsentiert (101 West Flagler St., www.historymiami.org; Mo geschl.).

Modern wird es dagegen etwas nördlich der Innenstadt im Viertel **Wynwood** um NW 2nd Ave. und NE 25th St. Der ehemalige Lagerbezirk hat sich binnen weniger Jahre zu Miamis neuen, bunten Künstlerareal entwickelt, mit vielen Galerien und großen Wandbildern *(murals)*. Sehenswert: die **Wynwood Walls** (2520 2nd Ave., www.thewynwoodwalls.com) › auch Seitenblick S. 29.

LITTLE HAVANA 🟠 🟧 c/d2

Westlich von Downtown beginnt ein anderes Stück Miami: Little Havana heißt dieses Viertel, wo die meisten Kubaner Miamis wohnen oder arbeiten. Die Hauptstraße ist die Southwest 8th Street, die allerdings nur unter dem Namen **Calle Ocho** bekannt ist (Achtung: Einbahnstraße, Autofahrer parken am besten in der Nähe der 15th Ave.!). Die Straße könnte ohne Weiteres als ein Teil des echten Havanna durchgehen: Gesprochen wird Spanisch, in unzähligen kleinen Bars werden *churros* in Fett ausgebacken, dazu trinkt man *café cubano,* den typischen starken schwarzen Espresso.
› mehr S. 14 Punkt 🟠

Senioren beim Brettspiel im Domino Park, Little Havana

KEY BISCAYNE d/e3/4

Am Südende der Brickell Avenue beginnt der Rickenbacker Causeway, ein mautpflichtiger Damm, der nach Key Biscayne führt. Gleich am Anfang des Causeway, noch auf Virginia Key, lädt das **Miami Seaquarium** zum Besuch ein: eines der größten Ozeanarien in Florida. Man kann Seekühe beobachten, eine Haifütterung erleben, ein nachgebautes Korallenriff erkunden oder sogar selbst mit Delfinen schwimmen oder im Korallenbecken unter Wasser gehen (4400 Rickenbacker Causeway, www.miamiseaquarium.com; tgl. 10–18 Uhr; Erw. 47 $, Kinder 37 $).

Key Biscayne zählt zu den teuersten Wohngegenden Miamis, ist aber auch wegen seiner (öffentlichen) Badestrände beliebt. Die Düneninsel ist knapp 10 km lang und bildet die Südostgrenze der Biscayne Bay zum Atlantik. Am Südende von Key Biscayne liegt der **Bill Baggs Cape Florida State Park** (Recreation Area), dessen langer Strand beim historischen Leuchtturm aus dem Jahr 1925 ein beliebtes Baderevier ist.

COCONUT GROVE c3

Zurück auf dem Festland steht gleich südlich des Causeway, am Rand des Viertels Coconut Grove, die **Villa Vizcaya**, ein anachronistischer Bau aus der frühen Blütezeit Miamis. Der von herrlichen Gärten umgebene Palast im italienischen Renaissancestil wurde im Jahre 1916 von dem Industriellen James Deering erbaut. Die 34 Zimmer – heute als Museum zu besichtigen – sind mit prächtigen Antiquitäten und Kunstwerken ausgestattet (3251 S. Miami Ave., http://.vizcaya.org). Aus Miamis einstigem Bohemeviertel Coconut Grove sind die arrivierten Künstler heute längst

Die Villa Vizcaya in Coconut Grove ist von herrlichen Gärten umgeben

nach Key Biscayne umgezogen, aber um **Grand Avenue** und **Main Highway** tummelt sich immer noch eine bunte Szene. In vielen Boutiquen werden ausgefallene Klamotten oder Souvenirs verkauft. Mittelpunkt des Viertels ist der **CocoWalk** M an der Grand Avenue und nebenan die **Streets of Mayfair**, ein verschachtelter Komplex mit Cafés, Restaurants und Boutiquen.

Wer etwas mehr über die Geschichte von Coconut Grove erfahren will, geht einige Schritte hinüber zum **Barnacle Historic State Park** N. Hier wurde das ehemalige Wohnhaus des Fotografen und Schiffbauers Commodore Ralph Munroe zum Museum umgestaltet. Man erfährt z. B., dass hier vor vielen Jahren am Strand unzählige Kokospalmen wuchsen und der Stadtteil deshalb heute Coconut Grove (Kokoshain) heißt, oder dass Munroe Schiffsrümpfe entwickelt hat, die besonders für die flachen Gewässer hier geeignet waren (3485 Main Hwy.).

Der ideale Platz für die Happy Hour in Coconut Grove ist gut 1 km nördlich des Parks Monty's Raw Bar: Am Meer, mit Blick über die Biscayne Bay, genießt man mit jungem Szenevolk tropische Drinks und Fischgerichte (2550 S. Bayshore Dr., Tel. 305-856-3992, €€).

CORAL GABLES O b2

Westlich von Coconut Grove beginnt einer der vornehmsten Vororte Miamis: Coral Gables. In den 1920er-Jahren wurde hier von dem

Immobilienmagnaten George Merrick eine typisch »mediterrane Siedlung« geschaffen – so, wie er sie sich vorstellte. Hauptstraße ist der Coral Way, auch **Miracle Mile** genannt, an dem sich schöne Läden und exklusive Boutiquen reihen.

Der gewaltige Prunkbau des **Biltmore Hotels** wurde 1926 im spanischen Stil errichtet und schnell zum Mittelpunkt des gesellschaftlichen Lebens. Im Gästebuch stehen so illustre Namen wie die Windsors, Judy Garland oder Bing Crosby, und »Tarzan« Johnny Weissmuller arbeitete hier als Bademeister. In den 1990ern aufwendig renoviert bietet es heute Luxus pur in 275 Zimmern (1200 Anastasia Ave., www.biltmorehotel.com, €€€).

INFO

Greater Miami CVB
- 701 Brickell Ave.
  Suite 2700 | Miami
  Tel. 305-539-3000 (gebührenfrei USA)
  Tel. 800-933-8448
  www.miamiandbeaches.com

Miami Beach CVB
- 530 17th St. | Miami Beach
  Tel. 305-672-1270
  www.miamibeachguest.com

VERKEHR

- **Flughafen:** Miami International Airport, 12 km westl. der Innenstadt; www.miami-airport.com. Der Airport Expwy. (SR 112) und der gebührenpflichtige Dolphin Expwy. (SR 836) führen nach Miami Beach. Taxis, Limousinen und Shuttlebusse pendeln vom Flughafen zu den Hotels in Miami Beach und Downtown.
- **Bahn:** Amtrak Station, 8303 N.W. 37th Ave., Tel. 800-872-7245.
- **Bus:** Greyhound-Stationen gegenüber dem Flughafen an 3801 N.W. 21st St. und in North Miami, 16000 N.W. 7th Ave., Tel. 800-231-2222.
- **Stadtverkehr:** In der gesamten Region verkehren Metrobusse. Die oberirdischen Züge der Metrorail fahren nur in Miami (Fahrpreis 2,25–2,65 $; Infos unter Tel. 305-891-3131). Beste Verkehrsmittel in Miami City sind die kostenlosen Trolley-Busse und der Metromover, eine kostenlose, automatisch gesteuerte Hochbahn, die in ihrer inneren Schleife (Downtown Loop) in einer knappen Viertelstunde die Innenstadt umrundet. Praktisch und günstig sind Mieträder von DecoBike in Miami Beach, www.decobike.com.

HOTELS

Hunderte von Hotels reihen sich an den Stränden von Miami Beach, besonders stilvoll wohnt man in den restaurierten Art-déco-Häusern von South Beach. Die großen Innenstadt-Hotels eignen sich eher für Geschäftsleute.

Celino South Beach €€€
Ultracooles, neu renoviertes Art-déco-Hotel in bester, aber lauter Lage gegenüber dem Strand.
- 640 Ocean Dr. | Miami Beach
  Tel. 786-574-4090
  www.thecelinohotel.com

Loews Miami Beach €€€
Trendig-edles Hotel im Herzen der Action von Miami Beach. Weitläufig, elegant und direkt am Strand.
- 1601 Collins Ave. | Miami Beach
  Tel. 305-604-1601
  www.loewshotels.com

The Hotel €€–€€€
Vom Designer Todd Oldham restauriertes Art-déco-Haus mit 73 Zimmern.
- 801 Collins Ave. | Miami Beach
  Tel. 305-531-2222
  www.thehotelofsouthbeach.com

Miami Beach Resort & Spa €€–€€€
Traditionelles, großes Strandresort, empfehlenswert sind die Zimmer in den oberen Etagen.
- 4833 Collins-Ave. | Miami Beach
  Tel. 305-532-3600
  www.miamibeachresortandspa.com

The Avalon €€
Gepflegtes, nicht übertrieben renoviertes Art-déco-Hotel mit 105 Zimmern.
- 700 Ocean Dr. | Miami Beach
  Tel. 305-538-0133
  www.avalonhotel.com

Generator Miami €
Trendiges Design-Hostel am Nordende von Miami Beach, 2018 neu eröffnet.
- 1320 Collins Ave. | Miami Beach
  Tel. 786-496-5730
  www.generatorhostels.com

Jazz on South Beach €€
Backpacker-Hostel mit jungem (Party-)Publikum. Mitten im Art Deco District, auch Privatzimmer.
- 321 Collins Ave. | Miami Beach
  Tel. 305-672-2137
  www.jazzhostels.com

CAMPING

Miami Everglades RV Resort
Großer, gut ausgestatteter Privatplatz im Süden der City; auch Ferienhütten.
- 20675 S.W. 162 Ave. | Miami
  Tel. 305-233-5300 | www.rvonthego.com

RESTAURANTS

Joe's Stone Crab €€€
Riesiges Traditionslokal, Spezialität sind – nomen est omen – Steinkrabben. Mai–Sept. geschl. > mehr S. 14 Punkt **16**
- 11 Washington Ave. | Miami Beach
  Tel. 305-673-0365

Larios on the Beach €€€
Prima Mojitos, ausgezeichnete kubanische Küche und Livemusik im Lokal, das Gloria Estefan mit ihrem Mann betreibt.
- 820 Ocean Drive | Miami Beach
  Tel. 305-532-9577

1-800 Lucky €€
Stylische neue Foodhall mit Asia-Ambiente im aufstrebende Trendviertel Wynwood, mit einem halben Dutzend Restaurants, zwei Bars – und bei Bedarf auch Karaoke.
- 143 NW 23rd St. | Miami
  Tel. 305-768-9826

Havana 1957 €€
Retrolokal im Look des 1950er-Jahre-Havanna mit traditioneller kubanischer Küche.
- 819 Lincoln Rd. | Miami Beach
  Tel. 305-397-8683

Rusty Pelican €€
Steaks und Seafood, serviert in einem modernen hölzernen Haus mit tollem Blick auf die Bucht.
- 3201 Rickenbacker Cswy.
  Key Biscayne | Tel. 305-361-3818

Sushi Samba €€
Frischer Fisch in originellen kubanisch-peruanisch-brasilianischen Kreationen. Auch Tische draußen.
- 600 Lincoln Rd. | Miami Beach
  Tel. 305-673-5337

Tap Tap Haitian Restaurant €€
Ungewöhnliches gefällig – wie wäre es mit haitianischer Küche?
- 819 5th St. | Miami Beach
  Tel. 305-672-2898

Jaguar Ceviche Spoon Bar & Latam Grill €
Fisch, Fleisch und Vegetarisches mit südamerikanischem Einschlag in einem bunten Lokal im Szeneviertel.
- 3067 Grand Ave. | Coconut Grove
  Tel. 305-444-0216

News Cafe €
Szene-Café und Treffpunkt aller Schönen. Salate und kleinere Mahlzeiten. Tgl. 24 Std. geöffnet. > mehr S. 16 Punkt ㉔
- 800 Ocean Dr. | Miami Beach
  Tel. 305-538-6397

Versailles €
Preisgünstiges kubanisches Restaurant mit Fast-Food-Atmosphäre.
- 3555 S.W. 8th St. | Little Havana
  Tel. 305-444-0240

NIGHTLIFE

Miami und Miami Beach sind bekannt für ihr pulsierendes Nachtleben, die populärsten Ausgehmeilen sind der **CocoWalk** und der **Ocean Boulevard** > Seitenblick S. 70.

SHOPPING

Zum Power-Shopping fahren Sie am besten in ein Einkaufszentrum: in die riesige **Aventura Mall** mit zahlreichen Markenläden (Biscayne Blvd./192 St., www.aventuramall.com), in die kaum kleinere **Dolphin Mall** mit vielen Outlet Shops (11401 N.W./12 St., www.shopdolphinmall.com), oder zum schicken, teuren **Village of Merrick Park** bei der Miracle Mile, Coral Gables (www.shopsatmerrickpark.com).

AUSFLUG: BISCAYNE NATIONAL PARK ③ ▮ K9

Ein Blick auf die Landkarte zeigt, dass die Inselkette der Keys bereits auf Höhe von Miami beginnt. Key Biscayne ist die nördlichste der Keys-Inseln. In der kaum erschlossenen Inselwelt direkt südlich davon umfasst der Nationalpark östlich von Florida City rund 730 km² Meer und Mangroven. Der Park ist zwar weit weniger bekannt als die Everglades, aber für Naturfreunde ebenso eindrucksvoll: Zahlreiche Wasservögel finden hier Nistplätze, und im warmen Wasser zwischen den Korallenriffen tummeln sich Manatis und Meeresschildkröten.

Straßen gibt es nicht im Park, der Zugang beim **Visitor Center** am Convoy Point ist rund 65 km südlich von Miami Beach über Hwy. 1 und die S.W. 328 St. zu erreichen. Von dort werden – meist in der Wintersaison – Fahrten mit Glasbodenbooten sowie Bootsexkursionen zum Schnorcheln und Tauchen angeboten. Schön sind auch Kanutouren in die Mangrovenwelt, auf denen man nahe an Reiher, Schildkröten und andere Tiere herankommt (Infos und Reservierung unter Tel. 786-335-3644, www.biscaynenationalparkinstitute.org).

INFO
Dante Fascell Visitor Center
- 9700 SW 328th St.
  Sir Lancelot Jones Way
  Homestead | Tel. 305-230-1144
  www.nps.gov/bisc

TROPISCHE NÄCHTE

Karibikfeeling live mit Reggae-Band in Mango's Tropical Cafe

Hoteldiscos und Bars unter Palmen für den Sundowner finden sich in allen Strandorten des Sunshine State. Das Nightlife tobt jedoch in den größeren Urlaubszentren, Hotspots für Klubgänger sind Miami Beach, Miami und Key West. In Fort Myers trifft man sich in den Bars rund um den Times Square, in Fort Lauderdale am Las Olas Boulevard.

SZENETREFF MIAMI BEACH

Irgendwie animieren einen die bonbonbunten Häuser am Ocean Drive, die gefälligen Kurven der Models und die milde Meeresluft – in Miami Beach fühlt sich jeder in Ausgehlaune. Kein Wunder, dass South Beach die wildesten Klubs und angesagtesten Bars bietet. Hier mischen sich die aus New York eingeflogene Klubszene und Stars aus Hollywood mit der Reggae- und Salsa-Gemeinde der nahen Karibik. Nicht verpassen sollten Sie einen Bummel zu den etablierten Treffs: im **News Cafe** › S. 69 etwa, im **Mango's Tropical Cafe** oder in der **Clevelander Bar**. Die Nachtklubs und Discos wie die angesagten **Wet Bar, LIV** oder **Nikki Beach** öffnen erst gegen 23 Uhr. Die Einlasskontrollen sind gnadenlos, nur zur Nebensaison sind die *doormen* etwas nachsichtiger.

- **Mango's Tropical Cafe**
  Karibikflair, heiße Rhythmen und Tänzerinnen.
  900 Ocean Dr. | Tel. 305-673-4422
  www.mangos.com
- **Clevelander Bar**
  Party in legendärer Open-Air-Hotelbar am Pool oder in der Sportsbar.
  1020 Ocean Dr. | Tel. 877-532-4006
  www.clevelander.com

- **Wet Bar at The W**
  Cooler Partyspot auf dem Pooldeck des schicken W Hotels.
  2201 Collins Ave. | Tel. 305-938-3000
  www.wsouthbeach.com
- **LIV**
  Legendäre DJs und VIP-Gäste im Klub des Fountainebleau Hilton.
  4441 Collins Ave. | Tel. 305-674-4680
  www.livnightclub.com
- **Nikki Beach**
  Tags ein Strandklub, nachts spacige Beleuchtung und Discosound.
  1 Ocean Dr. | Tel. 305-538-1111
  www.nikkibeach.com

SALSA UND LATINO-FLAIR

Coconut Grove, das alte Bohemeviertel und der Süden Miamis, hat sich in jüngerer Zeit zum Treff der Latinoszene gemausert. Zum Glück ist das Quartier relativ sicher, sodass man hier einen Blick in Miamis pulsierendes hispanisches Leben werfen kann. Bis nach Mitternacht herrscht an Wochenenden buntes Treiben rund um die **Grand Avenue** und den **CocoWalk** > S. 66: Kubanische Familien flanieren, junge Latino-Machos führen ihre Chicas aus, Straßenkünstler präsentieren ihr Talent, auf den Balkonen der Cafés und in den Klubs ist die Hölle los.

- **Tu Candela Bar**
  Party-Bar mit Livemusik und kolumbianischer Geschichte.
  901 S Miami Ave. | Tel. 786-431-8892
  www.tucandelabarmiami.com
- **Azucar Nightclub**
  Salsa und Hiphop, schwul und straight und gute Drag-Shows.
  2301 SW 32nd Ave. | Tel. 305-443-5647
  www.azucarmiami.net
- **Hoy Como Ayer**
  Latinosound in Little Havana bis 3 Uhr morgens.
  2212 S.W. 8th St. | Tel. 305-541-2631
  www.hoycomoayer.us

SCHWUL UND VERRÜCKT: KEY WEST

Das Nachtleben von Key West ist legendär. Nicht umsonst hatte sich einst der trinkfreudige Ernest Hemingway hier angesiedelt. Von da an kamen viele Schwule und Partybegeisterte aus allen Teilen Amerikas in das tolerante, alkoholselige Key West. So sind heute die Klubs und Open-Air-Bars an der **Duval Street** > S. 78 an Wochenenden Schauplätze für Nonstop-Partys.

Die wildeste Zeit in Key West ist die zweite Oktoberhälfte vor Halloween: Ganz hedonistisch und sehr freizügig feiert die Stadt dann das **Fantasy Fest** mit Togapartys, Steelbands und Paraden (www.fantasyfest.com).

- **Rick's & Durty Harry's**
  Rockbands, Freiluftbars und potente Drinks.
  202 Duval St. | Tel. 305-296-5513
  www.ricksbarkeywest.com
- **Aqua**
  Schwulenkneipe mit schrillen Drag-Queen-Shows.
  711 Duval St. | Tel. 305-294-0555
  www.aquakeywest.com

MIAMIS NIGHTLIFE ONLINE

Gute Veranstaltungs- und Szeneinfos zu Miami und Miami Beach findet man unter www.cooljunkie.com, www.goodlifemiami.com oder www.miami.nightguide.com.

EVERGLADES NATIONAL PARK 4 ⭐ 📖 J9

Die endlosen flachen Sumpfgebiete der Everglades sind eine weltweit einzigartige Naturlandschaft, die einst die gesamte Südspitze Floridas umfasste › S. 45. Hier – an der Grenze zwischen Süß- und Salzwasser – entstand über Jahrtausende ein komplexes Ökosystem, in dem Schildkröten und Alligatoren, Florida-Panther und mehr als 300 Arten Wasservögel leben.

Auf den gewaltigen Riedgrasebenen erheben sich kleine Bauminseln mit Sumpfzypressen und Mahagonibäumen, ein idealer Lebensraum für unterschiedliche Orchideenarten und andere Luftwurzler. Die Sümpfe sind eigentlich ein 80 km breiter, oft nur wenige Zentimeter tiefer Fluss, der vom Lake Okeechobee aus nach Süden zur Florida Bay fließt. Die beste Jahreszeit zum Nationalparkbesuch ist der Winter: Dann sind bei niedrigem Wasserstand die Tiere an den Wasserlöchern gut zu beobachten, und zahlreiche Zugvögel überwintern hier. Im Sommer kommt man am besten gleich morgens, denn am Nachmittag prasseln regelmäßig tropische Regengüsse herab – zudem werden die Moskitos unerträglich.

Der Haupteingang des 1947 gegründeten, 5667 km² großen Nationalparks liegt etwa 70 km südwestlich von Miami, die Zufahrt führt von Florida City über die SR 9336, die quer durch den Park bis zu dem Miniort Flamingo an der Florida Bay verläuft. Im **Ernest Coe Visitor Center** am Parkeingang bei Homestead geben Rangers nützliche Tipps für Wanderungen (Tel. 305-242-7700, www.nps.gov/ever).

Von der SR 9336 führen mehrere Lehrpfade auf Brettersteigen in die Sümpfe. Besonders interessant sind der Anhinga Trail und der Gumbo-

Auf Brettersteigen besichtigt man trockenen Fußes die Sumpfgebiete

Limbo Trail beim **Royal Palm Visitor Center,** wo man Alligatoren, Schildkröten und Schlangenhalskormorane *(Anhingas)* sieht.

Die Fahrt bis **Flamingo,** wo man ebenfalls ein **Visitor Center** findet, lohnt sich nur, wenn man von dort eine Bootstour in die Florida Bay macht (wegen Hurrikanschäden von 2017 zzt. nicht möglich).

EVERGLADES CITY 5 H8

Das kaum 500 Einwohner zählende Städtchen liegt umrahmt von Mangrovenwäldern am Westrand der Everglades. Die **Marina** am Ende der SR 29 ist Ausgangspunkt für geführte Bootstouren ins Inselgewirr der **Ten Thousand Islands,** z. B. mit Everglades N.P. Boat Tours Gulf Coast (815 Oyster Bar Lane, S.R. 29, Tel. 239-695-2591). Für Kanufahrer beginnen hier mehrtägige Touren auf den Trails im Everglades National Park.

HOTEL

Captain's Table €
Einfaches Hotel mit kleinem Pool, direkt am Fluss gelegen.
- 102 E. Broadway | Everglades City
  Tel. 239-695-4211
  www.captainstableresort.com

KEY LARGO 6 K9

Mit gut 10 000 Einw. ist Key Largo die größte Insel der Keys, hier verlässt der **Overseas Highway** das Festland. Berühmt wurde sie durch den Thriller »Gangster in Key Largo« mit Humphrey Bogart und Lauren Bacall aus dem Jahr 1948, doch von der alten Filmkulisse ist nicht viel geblieben. Am ehemaligen Drehort steht heute bei MM 104 die etwas raue Bar Caribbean Club. Die Bar hat – wie vieles entlang des Overseas Highway – den massiven Hurrikan »Irma« im Herbst 2017 überstanden, doch so mancherorts wird immer noch renoviert.

Vom Highway aus präsentiert sich Key Largo als hässliche Straßensiedlung mit grellen Werbetafeln und bunten Shopping Malls. Erst vom Wasser aus zeigt sich die Schönheit der Insel.

Im **John Pennekamp Coral Reef State Park** 7 K9 steht auf fast 40 km Länge das einzige Korallenriff Nordamerikas unter Naturschutz. Der Unterwasserpark wurde bereits 1960 auf Betreiben des Zeitungsredakteurs und Naturschützers John Pennekamp aus Miami gegründet – gerade noch rechtzeitig, denn Souvenirjäger hatten in den Jahren zuvor das Riff fast leer geplündert. Seither haben sich die Korallenbänke wieder erholt, und an die 500 Fischarten leben in den streng geschützten Gewässern.

Vom **Visitor Center** bei MM 102,5 legen Boote zu Schnorchel- und Tauchtouren ab; für Nichtschwimmer stehen Glasbodenboote zur Verfügung (Tel. 305-451-6300, www.pennekamppark.com).

INFO

The Florida Keys Visitor Center
- 10600 Overseas Hwy. | MM 106
  Tel. 305-451-1414 | 1-800-822-1088
  www.keylargochamber.org

KORALLEN UND MANATIS

Mit dem Roten Meer kann sich Florida zwar nicht messen, aber immerhin: Vor den Florida Keys erstreckt sich auf 240 km Länge das einzige Korallenriff Nordamerikas. Dazu liegen im sandigen Grund um die Halbinsel mehr als 4000 Schiffswracks, ein Dorado für Schatztaucher. Besonders sehenswert sind die Riffe von Looe Key und vor den Marquesas-Inseln sowie die zahlreichen Schiffswracks im und um den Pennekamp-Park bei Key Largo.

Weitere gute Tauchziele liegen an der Ostküste vor Fort Lauderdale und Palm Beach, denn der warme Golfstrom lässt auch dort noch Korallen und Schwämme gedeihen. Hier hat man, wie auch andernorts in Florida, der Riffbildung etwas nachgeholfen und ausgediente Schiffe auf Grund gesetzt, an denen sich schnell Flora und Fauna ansiedelten. Vor Pensacola wurde sogar ein Flugzeugträger und vor Key West ein ausgemustertes, 160 m langes Kriegsschiff versenkt.

Geübte Taucher können sich Nordfloridas Binnenland als Ziel vornehmen: Dort warten im Kalk-

Auf Wracktauchgang vor den Florida Keys

boden mit seinen vielen artesischen Quellen einige der schönsten Höhlentauchgänge der Welt wie Ginnie Springs bei Gainesville.

SCUBA UND SNUBA

Verlässliche *dive shops* findet man überall in den Ferienorten Floridas, in gut ausgerüsteten Tauchschulen kann man in nur fünf Tagen einen Lehrgang mit Zertifikat machen. Wer noch Anfänger unter Wasser ist, kann noch anders abtauchen: Beim »Snuba« bleibt das Mundstück der Tauchmaske durch einen langen Schlauch mit Lufttanks an der Wasseroberfläche verbunden. Ein Tauchschein ist nicht erforderlich, und man kann so problemlos fünf bis sechs Meter tief tauchen. Wer schon Schnorcheln kann, für den ist dies der ideale nächste Schritt zum echten Tauchen. Gute Adressen sind:

- **Snuba of Key West** 📕 H10
  Garrison Bight Marina | Key West
  Tel. 305-292-4616
  www.snubakeywest.com
- **Dive Key West** 📕 H10
  3128 N. Roosevelt Blvd. | Key West
  Tel. 305-296-3823
  www.divekeywest.com
- **Sea Experience** 📕 K8
  801 Seabreeze Blvd. | Fort Lauderdale
  Tel. 954-770-3483 | www.seaxp.com
- **Amoray Dive Resort** 📕 K9
  Auch Schwimmen mit Delfinen.
  MM 104 | Key Largo
  Tel. 305-451-3595 | www.amoray.com
- **Ginnie Springs** 📕 G3
  Höhlentauchen; Kanuvermietung
  High Springs | Tel. 386- 454-7188
  www.ginniespringsoutdoors.com

MANATIS

Nördlich von Tampa, an der flachen, teils sumpfigen Westküste, mäandert der Crystal River zum Golf von Mexiko. Für Taucher und Schnorchler bietet der Fluss ein ganz besonderes Erlebnis: In einem speziell eingerichteten Schutzgebiet kann man mit Manatis schwimmen, den seltenen Seekühen. Die friedlichen, bis zu 4 m langen Riesen überwintern von November bis März hier im mehr als 20 °C warmen Wasser, und auch im Sommer trifft man die wenig scheuen Tiere manchmal an. Marinas und Tauchfirmen organisieren Manati-Touren (> **mehr S. 12 Punkt ❸**), wie z. B.

- **Plantation on Crystal River** 📕 G4
  9301 West Fort Island Trail
  Crystal River | Tel. 352-795-5797
  www.plantationoncrystalriver.com
- **Birds Underwater** 📕 G4
  320 N.W. Hwy. 19 | Crystal River
  Tel. 352-563-2763
  www.birdsunderwater.com

HOTEL UNTER WASSER

Das ultimative Ziel für Taucher, die schon alles erlebt haben, liegt in einer Lagune vor Key Largo: Im weltweit ersten Unterwasserhotel, einer umgebauten ehemaligen Forschungsstation, müssen die Gäste in Tauchausrüstung zu ihrem Zimmer schwimmen und können dann die Nacht hinter dicken Bullaugen am Meeresboden verbringen. Wer möchte, kann bei Jules' sogar unter Wasser heiraten.

- **Jules' Undersea Lodge** €€€ 📕 K9
  51 Shoreland Dr. | Key Largo
  Tel. 305-451-2353 | www.jul.com

ISLAMORADA 8 J10

Der kleine Ort am Hwy 1 ist ein Pilgerziel der Petrijünger. Im Golfstrom, der hier nahe an der Insel vorüberfließt, warten rekordverdächtige Marlins und Segelfische, im flachen Wasser um die Insel stellen die Angler den kämpferischen *tarpons* nach. Bei Holiday Isle am Ortseingang bei MM 84 kann man spätnachmittags oft beobachten, wie Angler ihren Fang wiegen.

In **Robbie's Marina** bei MM 77,5 können Sie für ein paar Dollar selbst die Tarpun-Fische füttern. Wunderbar für einen Nachmittag auf dem – sehr flachen – Wasser ist von der Marina aus ein Kajakausflug zum **Indian Key State Park**. Auf der kleinen vorgelagerten Insel gab es um 1825 einen Ort, der um 1840 nach Indianerüberfällen verlassen wurde. Nur die Fundamente sind erhalten, aber man kann das Siedlerleben noch gut nachvollziehen (Tel. 305-664-4878, kayaktheflorida keys.com). > mehr S. 12 Punkt ❹

INFO
Islamorada Chamber of Commerce
Auch Auskünfte über Hochseeangeln.
- 87100 Overseas Hwy. | MM 87
  Tel. 305-664-4503
  www.islamoradachamber.com

HOTELS
Cheeca Lodge €€€
Elegantes, sehr luxuriöses und familienfreundliches Resorthotel mit eigenem kleinen Strand, komplettem Wassersportangebot, Tennisplätzen, 9-Loch-Golfplatz und Bootscharter. Auch gutes Restaurant.
- MM 82 | Tel. 305-664-4651
  www.cheeca.com

Chesapeake Beach Resort €€-€€€
Gepflegtes kleines Hotel mit Marina. Große Zimmer, freundliches Personal.
- 83409 Overseas Hwy.
  Tel. 305-664-4662
  www.chesapeake-resort.com

RESTAURANT
Lorelei Restaurant €€
Beliebtes Fischlokal mit Bar, schön zum Sonnenuntergang. Lecker: Dip mit geräuchertem Fisch. > mehr S. 14 Punkt ⓳
- MM 82 | Tel. 664-2692

GRASSY KEY 9 J10

Ein Stückchen weiter auf Grassy Key ist das **Dolphin Research Center** zu besichtigen, die frühere Heimat des Fernsehstars Flipper und auch ein Drehort der Serie. Bei den Führungen werden Verhalten, Pflege, und Schutz der Delfine fundiert erläutert. Auch Schwimmen mit den Meeressäugern wird ermöglicht (58901 Overseas Highway, www.dol phins.org, Reservierung: Tel. 305-289-0002; tgl. 9–16.30 Uhr).

Im Süden von Grassy Key erstreckt sich die Stadt **Marathon** 10 (10 000 Einw.) mit großem Unterkunfts-, Gastronomie- und Wassersportangebot. Dive Shops bieten auch Wracktauchgänge an.

HOTEL
Captain Pip's €€-€€€
Gepflegte Apartments am Hafen, Bar und Restaurant. Mit Bootsvermietung, beliebt bei Anglern.

- 1410 Overseas Hwy. | Marathon
  Tel. 305-743-4403 | www.captainpips.com

RESTAURANT

Porky's Bayside Restaurant €
Rustikales Freiluft-Restaurant mit bodenständigen Fisch- und Fleischgerichten vom Grill.
- 1410 Overseas Hwy. | Marathon
  Tel. 305-289-2065

BIG PINE KEY 11 J10

Die größte Insel der Lower Keys: Im Nordteil liegt das **Blue Hole,** ein Süßwassersee, in dem kleine Alligatoren leben. Auf den Wanderwegen ringsum auf Big Pine Key kann man mit etwas Glück eines der vom Aussterben bedrohten *key deer,* einer kleinwüchsigen Rehart, beobachten (Bitte vorsichtig fahren – die Rehe kreuzen oft den Highway!).

Vom Südende der Insel lohnt sich für Schnorchler und Taucher ein Abstecher per Boot zum Naturschutzgebiet von **Looe Key.** Um die kleine Insel erstreckt sich ein marines Schutzgebiet, in dem es jedes Jahr im Juli sogar ein Unterwasser-Musikfestival gibt.

Vom benachbarten **Little Torch Key** nur per Boot erreichbar ist das exklusive Little Palm Island Resort & Spa, das allerdings bis 2019 komplett umgebaut wird (www.little palmisland.com, €€€)

KEY WEST 12 3 H10

Das bunte, quirlige Örtchen (26 000 Einw.) ist sicher die bekannteste Kleinstadt des Sunshine State hier muss man im Floridaurlaub einfach gewesen sein: Key West verkörpert das lockere Lebensgefühl der Keys. Die kunterbunte Mixtur der Einwohner trägt hierzu ebenso bei wie die stimmungsvolle Architektur der Altstadt – Key West war

Bunter Trubel am Mallory Square in der Altstadt von Key West

als südlichste Stadt Nordamerikas immer schon etwas anders.

Die ersten Siedler kamen etwa ab 1820 aus Neuengland und den Bahamas hierher, und sie entdeckten schnell, dass mit dem Abwracken gestrandeter Schiffe viel Geld zu verdienen war. Das *wrecking* wurde im 19. Jh. zum lukrativen – und wichtigsten – Geschäft in Key West. Der Ort blühte auf, und die »Wreckers« konnten sich mit feinen Schnitzereien verzierte Villen leisten, die sogenannten *conch houses*, die heute hübsch restauriert sind und das Flair der Stadt bestimmen.

Nach der Abwrack-Ära zogen Schwammtaucher aus Griechenland nach Key West, später auch Zigarrendreher aus Kuba. Um 1930 folgten Schriftsteller wie etwa Tennessee Williams oder Ernest Hemingway › S. 47, der hier gut zehn Jahre lang lebte. Seit den 1960er-Jahren sind viele Schwule, Künstler und Großstadtflüchtlinge zugezogen, die einfach die liberale, lebensfrohe Atmosphäre der Stadt schätzten – und weiterhin prägen.

Bei einer Rundfahrt mit dem **Conch Tour Train** oder dem **Old Town Trolley** kann man sich zunächst einmal einen Überblick verschaffen. Die Abfahrt ist am Nordende der **Duval Street.** Diese bildet auch die Hauptachse von Key Wests Altstadt, hier trifft man sich abends zum berühmten Ritual des Sonnenuntergangs am **Mallory Square:** Am Kai in der Nähe vom Nordende der Duval Street treten Zauberer und Artisten auf, und Alt-Hippies bieten ihre selbst geflochtenen Strohhüte an – ein herrlich kitschiges Spektakel, eingetaucht in warmes rot-orangefarbenes Licht. › mehr S. 16 Punkt ❶❺

Am Mallory Square zeigt das kleine **Key West Aquarium** Fische, Schildkröten und Haie der Region, und nebenan erzählt das **Key West Shipwreck Treasure Museum** vom rauen Leben und den spektakulären Funden der Wreckers.

Echte Fundstücke und Schätze aus spanischen Galeonen birgt das **Mel Fisher Maritime Museum** (200 Greene/Front Sts.). Den Lebensstil der alten Wreckers können Sie im **Audubon House** (Green/Whitehead Sts.) und im **Oldest House**

Der ehemalige Wohnsitz des Literaten Ernest Hemingway in Key West

Museum (322 Duval St.) begutachten – typischen Conch-Häusern aus dem 19. Jahrhundert.

Das **Ernest Hemingway Home & Museum** an der Whitehead Street Nr. 907 ist das Pilgerziel für alle Literaturfreunde. Hier wohnte der spätere Nobelpreisträger ab 1931, ehe er nach Kuba übersiedelte. Im Haus finden sich Original-Mobiliar und Relikte des Literaten, im tropischen Garten fühlen sich heute, lange nach Hemingways Tod, die Urururenkel seiner geliebten Katzen wohl (www.hemingwayhome.com; tgl. 9–17 Uhr, 14 $).

Gegenüber dokumentiert das kleine **Lighthouse Museum** im historischen Leuchtturm das Leben der früheren Wärter, vom Turm selbst bietet sich ein schöner Rundblick. Eine weitere Attraktion liegt am Südende der Whitehead Street/ Ecke South Street: Der durch eine Betonboje markierte **Southernmost Point** ist der südlichsten Punkt des nordamerikanischen Kontinents – nur noch 90 Meilen sind es von hier nach Kuba.

INFO
Key West Chamber of Commerce
- 510 Greene St. | Tel. 305-294-2587
  www.keywestchamber.org

HOTELS
Casa Marina Resort €€€
Das einst vom Eisenbahnkönig Flagler gebaute Resorthotel wurde aufwendig renoviert und ist heute die größte und eleganteste Unterkunft in Key West.
- 1500 Reynolds St. | Tel. 305-296-3535
  www.casamarinaresort.com

DIE BESTEN FISCHLOKALE

- Südamerika trifft Japan heißt das kulinarische Motto des **Sushi Samba**, das perfekt in die Szenemeile von Miami Beach passt. Die Kreationen sind echte Hingucker und die Kombination von Samba Rolls und Caipirinha einfach fabelhaft > S. 68
- Shrimps in Speck gerollt und dazu Mango-Salsa serviert das rustikale Fischlokal **Conch Republic,** der Blick über den Hafen und häufig Livemusik sind im Preis inbegriffen. > S. 80
- Der Freitagabend beginnt mit einem Schildkrötenrennen im **Turtle Kraals.** Danach geht's nur noch bergab bei steifen Rum-Drinks und fangfrischem Fisch direkt von den Booten vor dem Lokal in Key West. > S. 81
- Fisch und Meeresfrüchte sind superfrisch und kreativ zubereitet in dem kleinen Lokal **Gypsy Cab Company** in St. Augustine, auf Anastasia Island. > S. 112
- Krebsküchlein, Paella oder Muschelpasta sind im **Keylime Bistro** auf Captiva Island unschlagbar, ebenso die tropisch-legere Atmosphäre in dem Freiluft-Lokal mit Livemusik. > S. 130
- Zum hervorragenden Seafood wie etwa Fish Piccata oder Pecan Grouper kommt im Restaurant des **Island Hotel** in Cedar Key noch das wunderbare Flair des historischen Hauses. > S. 137

TOUREN & SEHENSWERTES

The Marquesa Hotel €€€
Sehr stilvoll restauriertes Haus aus dem Jahre 1884, mitten in der Altstadt gelegen. Mit neuer Dependance »Marquesa 414« in drei historischen Häusern in der Simonton St. Das exzellente Restaurant »Café Marquesa« verdient auch den Besuch, wenn man nicht hier wohnt.
- 600 Fleming St. | Tel. 305-292-1919
  www.marquesa.com

Havana Cabana €€-€€€
Stylisches kleines Hotel etwas außerhalb der Altstadt; schöner Pool.
- 3420 N. Roosevelt Blvd.
  Tel. 305-294-5541
  www.havanacabanakeywesthotel.com

Island City House Hotel €€-€€€
Restauriertes historisches Hotel in einem tropischen Garten.
- 411 William St. | Tel. 305-294-5702
  www.islandcityhouse.com

Albury Court €€
Kleine nostalgisch-sympathische Pension in Laufweite der Altstadt.
- 1030 Eaton St. | Tel. 305-294-9870
  www.historickeywestinns.com

Angelina Guesthouse €-€€
Einfache Pension in einem historischen Bordell.
- 302 Angela St. | Tel. 305-294-4480
  www.angelinaguesthouse.com

🟥 OHNE KORALLEN KEINE KEYS

Sauberes, mindestens 20 °C warmes Wasser und viel Sonnenlicht sind erforderlich, um ein Korallenriff entstehen zu lassen. Nur dann gedeihen die winzigen Polypen, primitive Weichtiere, aus deren Kalkskeletten binnen Jahrtausenden ein Riff wächst. Dank der warmen Meeresströmungen waren die Bedingungen für tropische Korallen an der Südspitze Floridas für das Wachstum der Polypen gut, im flachen Wasser der Florida Bay bildeten sich die ersten Korallenriffe. Als sich Florida langsam aus dem Meer hob, wurden aus den Riffen die Inseln der Keys, und ein neues Riff entstand auf der Südseite. Bis heute schützt diese Unterwasserbarriere die Keys vor der Brandung des Ozeans. Rund 40 Korallenarten gedeihen im Ökosystem des Riffs: geschmeidige, knallbunte Fächerkorallen, die sich in der Strömung wiegen und mehrere Zentimeter pro Jahr wachsen, glutrote Feuer- und Hirschhornkorallen oder auch seltsam aussehende wuchtige Hirnkorallen, die einige Hundert Jahre brauchen, bis sie zur endgültigen Größe herangewachsen sind.

Doch der natürliche Schutzwall der Keys ist in Gefahr: Schiffsanker und rücksichtslose Taucher, Öl aus den Bootsmotoren und Abwässer zerstören die lebenden Korallen und nagen am toten Fundament. Seit man dies erkannt hat, wurde das Riff vor der Südküste der Keys auf seiner gesamten Länge von rund 240 km unter Naturschutz gestellt. Die Korallen dürfen nicht einmal berührt werden, und als Schnorchler sollte man vorsichtig sein, um nicht auf die scheinbar toten Korallensteine dicht unter der Wasseroberfläche zu treten. Sich ein Korallenstück als Souvenir abzubrechen ist absolut tabu!

RESTAURANTS

Conch Republic Seafood Company €€
Hervorragendes Seafood: Austern, große Krabben zum Selberpulen und leckeren Dip aus Räucherfisch kommen frisch auf den Tisch direkt am Wasser. In großen Aquarien ist die Fischwelt der Keys zu beobachten.
• 631 Greene St. | Tel. 305-294-4403

Blue Heaven €€
Verfeinerte karibische Kost, serviert in Tropenflair mit viel Grün rundum.
• 729 Thomas St. | Tel. 305-296-8666

Kelly's €€
Luftiges Terrassenlokal in der Altstadt, eigene Kleinbrauerei, karibische Küche.
> mehr S. 14 Punkt ⑱
• 301 Whitehead St. | Tel. 305-293-8484

Turtle Kraals €€
Die Bar im Turm lockt mit einem Traumblick über die Stadt, unten gibt es prima Fisch und Barbecue-Steaks. Auch gutes Frühstück.
• 231 Margaret St. | Tel. 305-294-2640

Banana Café €-€€
Perfekt für einen kleinen Lunch auf einer Terrasse mit tropischem Flair. Gute Crêpes und Salate.
• 1215 Duval St. | Tel. 305-294-7227

El Siboney €-€€
Authentische kubanische Küche, serviert in riesigen Portionen.
• 900 Catherine St. | Tel. 305-296-4184

NIGHTLIFE

An der Ecke Greene/Duval Streets findet man die legendäre **Bar Sloppy Joe's**, in der Ernest Hemingway angeblich seine Nächte beim Rum verbrachte – was heute zahlreiche Gäste anzieht. Die noch ältere, originale Hemingway-Kneipe, **Captain Tony's Saloon,** ist in der Greene Street. Weiteres zum Nachtleben in Key West
> Seitenblick S. 70.

AUSFLUG: DRY TORTUGAS G10

Key West ist das Ende des Highway 1. Doch die Kette der Keys reicht weiter nach Westen bis zur gut 100 km entfernten Gruppe der Dry Tortugas. Der kleine Archipel steht als **Nationalpark** unter Schutz und bietet die wohl am besten erhaltenen Korallenriffe Nordamerikas, dazu ein historisches Militärfort sowie einen 20 m hohen Leuchtturm.

Von Key West aus werden ganztägige Bootstouren zum Schnorcheln angeboten, mit der »Yankee Freedom III« (Tel. 800-634-0939, www.drytortugas.com), und auch ein- und mehrtägige Tauchausflüge.

Bunte Unterwasserwelt der Dry Tortugas

ORLANDO & DIE OSTKÜSTE

Der Lake Eola Park ist Orlandos innerstädtische Oase

Bunte Themenparks und lange Atlantikstrände, spanische Geschichte und Amerikas Raumfahrtbahnhof – die Mitte und die Ostküste Floridas bieten ihren Gästen ein vielfältiges Spektrum an Attraktionen.

Die kontrastreiche Region zwischen Fort Lauderdale, Orlando und Jacksonville wartet mit einer perfekten touristischen Infrastruktur auf, mit breiten Highways, gepflegten Parks, Stränden und Naturschutzgebieten. Verblüffend ist, dass in einer derart dicht bebauten und gut erschlossenen Region noch so viel weitgehend ursprüngliche Natur zu finden ist.

Orlando ist als Reiseziel noch jung: Noch keine 50 Jahre ist es her, dass Disney den ersten Themenpark hier im flachen Seenland in der Mitte Floridas gebaut hat. Mittlerweile ist das Unterhaltungsangebot so groß, dass man – vor allem mit Kindern – wenigstens drei bis vier Tage hier einplanen sollte, um auch nur die wichtigsten und größten der Parks gesehen zu haben. Mit Wasserparks und kleineren Attraktionen ist schnell eine abwechslungsreiche Urlaubswoche vorbei.

Ruhiger ist es da entlang der Ostküste: Die »Gold Coast«, der südliche Teil der Atlantikküste, ist die touristisch am besten erschlossene Region des Sunshine State. An langen, breiten Sandstränden reihen sich gepflegte Hotel- und Apartmentanlagen, nahezu jeder Strandort besitzt einen Pier und eine Promenade. Große Attraktionen sind hier eher dünn gesät, dies ist mehr eine Region für lockeres Urlaubsleben: In den vielen Bars und Fischrestaurants trifft sich die Beach-Szene, Golfer finden hier einige der besten Plätze Amerikas, und Hobbyangler können im Golfstrom Segelfischen und Marlins nachstellen.

Etwas anders präsentiert sich der nördliche Teil der Ostküste: Er verspricht mehr Gelassenheit und ein bisschen Südstaatenflair. Nicht dass es der Region an Stränden mangelt, Daytona Beach ist sogar eines der bekanntesten Strandziele der Atlantikküste. Doch Richtung Norden wird es immer ruhiger. St. Augustine, die älteste Stadt der USA, bezaubert mit spanischer Geschichte, und bei Fernandina Beach, einem viktorianischen Städtchen an der Grenze zu Georgia, kann man nicht selten durch die Dünen wandern, ohne einen anderen Menschen zu sehen.

Die beste Reisezeit für den Norden der Ostküste ist zwischen Mai und November, im Winter wird es hier v.a. nachts empfindlich kühl. Aber wem das nichts ausmacht, der kann – mit Pullover – in der sehr preisgünstigen Nachsaison z.B. auf den herrlichen Golfplätzen von Amelia Island fast alleine abschlagen. Orlando und die Region nach Süden bis Miami können ganzjährig gut bereist werden, auch wenn von Dezember bis April das Meer etwas zu kühl zum Baden ist.

TOUREN IN DER REGION

TOUR 4

FLORIDAS NORDOSTEN

ROUTE: Orlando > Daytona Beach > St. Augustine > Fernandina Beach/Amelia Island > Ocala > Orlando

KARTE: Seite 87
LÄNGE: 1 Woche/635 km
PRAKTISCHE HINWEISE:
- Für Familien ist die Tour mit Orlando gut in einer zweiwöchigen Floridareise kombinierbar: eine Woche Themenparks, eine Woche Rundfahrt mit Stränden und Sightseeing.
- Ein Mietwagen oder -camper ist für die Fahrt unerlässlich.

TOUR-START:
Von **Orlando** 1 > S. 88 führt die I-4 aus dem dicht besiedelten Dunstkreis der Metropole nach Norden zur Atlantikküste. Bald säumen Kiefernwälder, Rinderweiden und Orangenhaine die Strecke, man passiert Seen, z.T. mit neuen Siedlungen am Ufer für Winterflüchtlinge aus dem Norden. Nicht nur, aber besonders in den Wintermonaten lohnt sich ein kurzer Abstecher vom Exit 54 über Orange City zum **Blue Spring State Park.** Im klaren, rund 20 °C warmen Wasser dieser artesischen Quelle sind zahlreiche Seekühe (Manatis) zu beobachten, die ab November hier überwintern.

Nach einem Strandtag in **Daytona Beach** 15 > S. 108 geht es auf der A1A weiter nach Norden, vielleicht mit einem Besuch – besonders schön mit Kindern – bei den Delfinen von **Marineland of Florida** (www.marineland.net) oder einem Bootsausflug zur spanischen Bastion **Fort Matanzas** von 1742 am St. John's River (Fähren stündlich, tgl. 9.30-16.30 Uhr).

Einen Tag mit Besichtigungen verdient **St. Augustine** 16 > S. 110, möglichst mit Übernachtung in einem der schön restaurierten, historischen B&Bs, ehe Sie am Meer entlang auf der A1A nach Norden fahren. Es wird beschaulicher, Georgia kommt immer näher und damit jene romantische Südstaatenatmosphäre, die man aus vielen Filmen wie »Vom Winde verweht« kennt.

St. George Street in St. Augustine

Von **Amelia Island** 18 › S. 113 mit seinen Dünenstränden führt die Tour zurück ins Landesinnere und über den Highway 17 nach Süden. Weites Farmland und Pinienwälder säumen die SR 20 und US 301 nach **Ocala**. Fast wie der weitläufige Park eines englischen Herrensitzes mutet die Landschaft am Wege an – und es gibt hier überall Pferde. Das gute Klima und das besonders nahrhafte Gras der Region ist ideal für die Zucht, und so sieht man auf den Weiden hier viele der besten Rennpferde Amerikas grasen. Wer sich für die Pferdezucht interessiert, kann am Highway 40 westlich der Stadt einige große Gestüte sehen und über das Ocala/Marion County Visitors Bureau auch eine Besichtigung arrangieren (112 N. Magnolia Ave., Tel. 352-438-2800, www.ocalamarion.com).

Berühmter noch als die Pferdezucht sind in Ocala die **Silver Springs** an der SR 40: Mehr als 2 Mrd. Liter Wasser sprudeln täglich aus dem tiefen Quelltopf der schön in einem Waldgebiet eingebetteten artesischen Quellen, die schon oft Filmproduktionen als Kulisse dienten. Per Glasbodenboot kann man im kristallklaren Wasser bis auf 20 m Tiefe Fische beobachten, per Kajak die Urwälder erkunden. › mehr S. 13 Punkt ❼ Rundherum findet sich heute ein Themenpark.

Von hier sind es dann noch etwa 130 km zurück nach **Orlando** – entweder in gemütlicher Fahrt über die US 27 oder schnell über die I-75 und Florida's Turnpike.

DURCH ZENTRALFLORIDA AN DIE GOLD COAST

ROUTE: Orlando › Lake Wales › Okeechobee › Ft. Lauderdale

KARTE: Seite 87
LÄNGE: 1–2 Tage/410 km
PRAKTISCHE HINWEISE:
- Die Tour ist nur per Mietfahrzeug machbar, öffentliche Verkehrsmittel gibt es hier kaum.

TOUR-START:
Als Alternative zur schnellen, aber eintönigen Fahrt auf dem Florida's Turnpike bietet es sich an, im Landesinneren auf kleineren Highways von Orlando nach Süden zu fahren. Die Strecke ist zwar nicht spannender, doch dafür erlebt man das ländliche Florida. Dazu nehmen Sie von **Orlando** 1 › S. 88 zunächst die I-4 nach Westen und zweigen dann am Exit 55 auf die SR 27 nach Süden ab. Die erste Attraktion liegt schon bald am Weg: **Legoland Florida** 3 › S. 98 bei Winter Haven, für Familien mit Kindern ist das Bauklotz-Paradies wohl ein Pflichtstopp.

Eine schöne Gartenanlage mit weitaus weniger Rummel wartet eine halbe Fahrstunde weiter südlich in Lake Wales: die **Bok Tower Gardens**. Auf einem der höchsten »Berge« Floridas – ganze 90 m über dem Meeresspiegel – steht von Gärten umrahmt ein Glockenturm, der halbstündlich Melodien erklingen lässt (www.boktowergardens.org).

Orangenplantagen, Farmland sowie kleine Wäldchen säumen die SR 27 auf der Weiterfahrt nach Süden. Nächster größerer Ort ist **Sebring** (12 000 Einw.), das Motorsportfans wegen seines International Raceway bekannt ist. Auf der ältesten Rennstrecke der USA werden übers Jahr diverse Wettbewerbe ausgetragen, darunter ein legendäres 12-Stunden-Sportwagenrennen.

Nach Sebring zweigt die US 98 nach Südosten ab und folgt von **Okeechobee** aus dem Ostufer des Lake Okeechobee, der allerdings meist hinter einem Erdwall verborgen bleibt. Der See ist mit fast 1900 km² Fläche der größte im Südosten der USA und die Quelle des Wassers für die Everglades. Nach einem schweren Hurrikan wurde der Lake Okeechobee allerdings 1928 mit einem großen Deich umgeben. Zugänglich ist er heute vor allem in **Pahokee**, wo ein kleiner Bootshafen den Anglern und Wassersportfreunden die sonst eher seltene Möglichkeit zum Andocken gibt. Einige kleine Catfish-Restaurants und Läden, sonst kann das Örtchen touristisch nichts bieten. Es ist vor allem ein Zentrum der Farmer, die im Südosten des Sees in trockengelegten Sümpfen riesige Zuckerrohr-, Mais und Gemüsefelder bestellen. Von hier werden die nahen Großstädte versorgt.

Danach folgt das letzte Stück der Route über US 98 und I-95 nach **Fort Lauderdale** 5 > S. 98.

AN DIE SPACE COAST

ROUTE: Orlando > Cape Canaveral > Cocoa Beach > Orlando

KARTE: Seite 87
LÄNGE: 1 Tag/210 km
PRAKTISCHE HINWEISE:
- Als individuelle Tour ist dieser Tagesausflug mit nur dem Mietwagen zu unternehmen.
- Bei den Hotels in Orlando sind geführte Tagestouren nach Cape Canaveral mit Besichtigung des Space Center zu buchen, allerdings ohne Abstecher nach Cocoa Beach.

TOUREN AN DER OSTKÜSTE

TOUR 4

IN FLORIDAS NORDOSTEN

Orlando > Daytona Beach > St. Augustine > Fernandina Beach/ Amelia Island > Ocala > Orlando

TOUR 5

DURCH ZENTRALFLORIDA AN DIE GOLD COAST

Orlando > Lake Wales > Okeechobee > Fort Lauderdale

TOUR 6

AN DIE SPACE COAST

Orlando > Cape Canaveral > Cocoa Beach > Orlando

TOUR-START:

Die schnellste Verbindung von **Orlando** 1 > S. 88 zur Ostküste ist der (gebührenpflichtige) Beachline Expressway SR 528. Bei wenig Verkehr sind Sie nach der Weiterfahrt über SR 407 und 405 bereits nach gut einer Stunde am **Cape Canaveral** 14 > S. 105. Nach der etwa 3- bis 4-stündigen Besichtigung des **Kennedy Space Center** lohnt sich für den Rest des Tages ein Abstecher über SR 3 und SR 528 nach **Cocoa Beach** 13 > S. 105. Hier können Sie am Pier ein spätes Mittagessen einnehmen und/oder am breiten Sandstrand baden.

Auf der Rückfahrt über die SR 520 kommen Sie durch **Cocoa Village** > S. 105, dessen kleine Altstadt noch einen Bummel verdient, ehe Sie über die I-95 und den Beachline Expressway wieder nach **Orlando** zurückkehren.

VERKEHRSMITTEL

Die Hauptverkehrsader entlang der Ostküste ist die etwas im Hinterland verlaufende I-95. Viel interessanter ist parallel dazu die schmale SR A1A, die fast durchgehend direkt an der Küste oder auf dem der Küste vorgelagerten Inselstreifen entlangführt. Um bei einer Rundfahrt abzukürzen oder schnell in eine andere Region zu kommen, können Sie auch den (gebührenpflichtigen) Florida's Turnpike benutzen, der die Strecke Miami–Orlando auf fünf Stunden verkürzt. Bis 2021 wird zwischen den beiden Städten die Hochgeschwindigkeits-Bahn »Brightline« gebaut, die 2018 bereits von Miami bis Palm Beach fertiggestellt war.

UNTERWEGS IN DER REGION

ORLANDO 1 J3

Wirklichkeit oder Illusion, falsch oder echt spielt in Orlando keine Rolle. Es zählt nur, was Spaß macht – und Dollars bringt. Die bunten Vergnügungswelten der Theme Parks begeistern jedes Jahr gut 70 Millionen Besucher mit ihren perfekt inszenierten Kunstwelten. Und Orlando lebt nicht schlecht damit: Mehr als 120 000 Hotelbetten warten auf Gäste aus aller Welt.

Das Städtchen Orlando, um 1840 gegründet, war ein kleines Versorgungszentrum für die Rancher und Plantagenarbeiter der Umgebung. Erst nach dem Zweiten Weltkrieg begann zögernd die Entwicklung: Angelockt von Sonne und Wärme ließen sich die ersten Rentner aus dem Norden hier nieder; der Ausbau des nahen Cape Canaveral zum US-Weltraumbahnhof brachte in den 1950ern kleine Forschungsbetriebe in die Stadt. Dann kam Disney – und damit ein gewaltiger Entwicklungsschub für die Region: Als erster Vergnügungspark wurde 1971 Magic Kingdom eröffnet. in dessen Folge sind rund 100 weitere Parks in der Umgebung entstanden. Seitdem ist Orlando zu einem weltweiten Top-Ferienziele avanciert.

Spacig präsentiert sich der Epcot Theme Park in Walt Disney World

Heute leben rund 2,5 Mio. Menschen im Großraum, und Kleinstädte wie der alte Ranchort **Kissimmee** 2 c5, bekannt für sein großes, traditionsreiches Silver Spurs Rodeo (im Febr. und Juni; www.silverspursrodeo.com), wachsen Zug um Zug mit Orlando zusammen.

DOWNTOWN c2/3

Die Innenstadt Orlandos hat aus touristischer Sicht wenig Spektakuläres zu bieten. Lediglich das dortige Restaurant- und Nightlifeviertel lohnt mal einen abendlichen Besuch: **Church Street** A ist der Spielplatz der jungen Partyszene, in der **Orange Avenue** liegen Restaurants, Jazz- und Tanzklubs.

WINTER PARK B d2

Einen Blick ins »normale« Leben in Orlando außerhalb der Vergnügungsparks erlaubt ein Abstecher in den hübschen Vorort Winter Park nördlich der Innenstadt. Zu empfehlen sind ein Bummel entlang der eleganten **Park Avenue**, eine Bootsrundfahrt auf den Seen mit Blick auf die grandiosen Villen und idyllischen Gärten (Abfahrt 10–16 Uhr jeweils zur vollen Stunde am Fuß der Morse Ave., Tel. 407-644-4056) sowie ein Besuch des **Morse Museum** mit schöner Ausstellung von Tiffany-Glas (445 Park Ave. N.).

ORLANDOS THEME PARKS

Orlandos eigentlichen Sehenswürdigkeiten sind natürlich die Vergnügungsparks, und die liegen fast alle etwas außerhalb im Südwesten der Metropole. Zentrum des Treibens sind der **International Drive**, der parallel zur Autobahn I-4 verläuft, und das Ferienstädtchen **Lake Buena Vista** am Ostrand des Walt-Disney-Geländes.

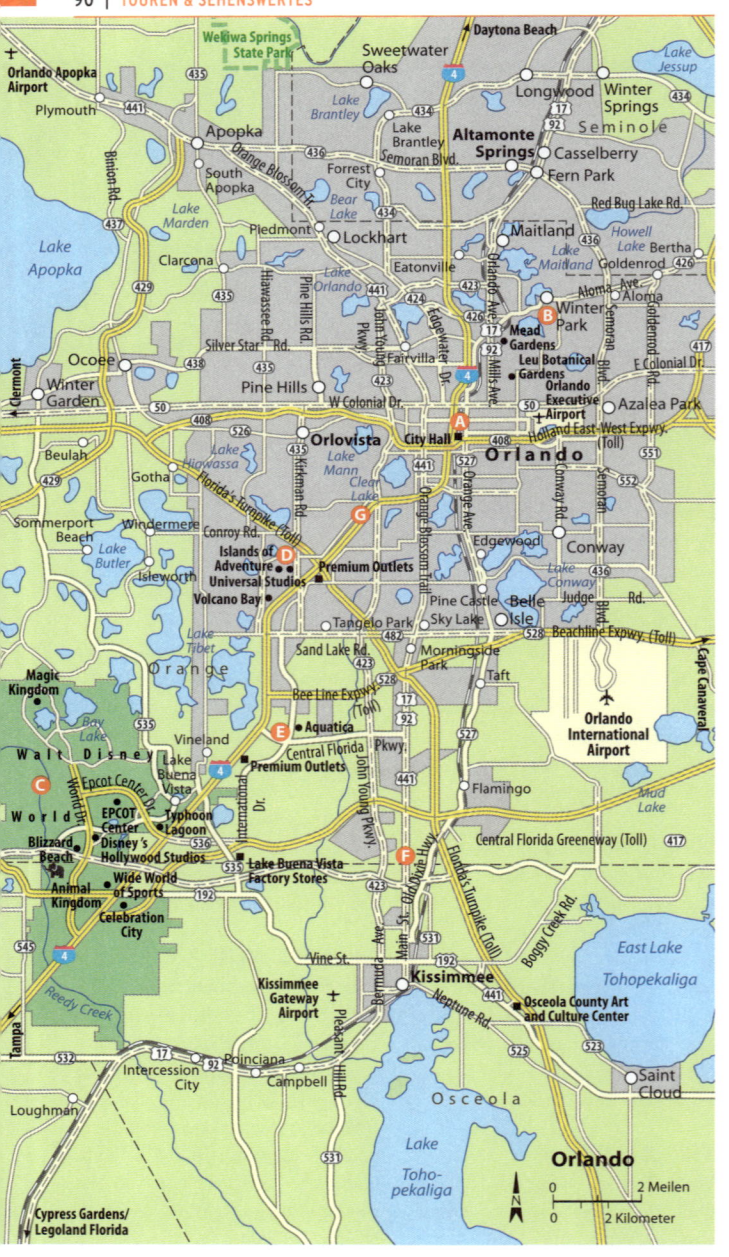

Orlando bietet seinen großen und kleinen Besuchern acht große Themenparks, vier davon unter Führung von Disney, sowie eine ganze Heerschar kleinerer Attraktionen – und jedes Jahr kommen weitere künstliche Welten hinzu. Bei einem dreitägigen Aufenthalt empfehlen sich für Erstbesucher die Parks Magic Kingdom (für Jugendliche eher Epcot) oder Animal Kingdom, außerdem Sea World und Universal Studios. Für jeden der großen Parks sollte man einen vollen Tag einplanen. Wenn das Hotel nicht zu weit entfernt liegt, kann man am Nachmittag eine Pause am Hotelpool einlegen und dann gegen Abend erholt wieder in den Park zurückkehren (die Tickets gelten jeweils den ganzen Tag).

INFOS

Beim Besuch mehrerer Theme Parks lohnt es sich, vorab im Reisebüro nach Vergünstigungen und Mehrtagespässen zu fragen. Vergünstigte **Kombi- und Mehrtagestickets** sind u. a. auch beim Orlando CVB Visitor Center > **S. 95** erhältlich. Die **Öffnungszeiten** aller großen Parks sind tgl. mind. 10–19 Uhr, Sa/So/Fei sowie in der Hochsaison meist bis 22 Uhr oder bis nach Mitternacht. Am Eingang liegen Listen mit den Zeiten für Shows/Paraden aus.

- Ⓐ Church Street
- Ⓑ Winter Park
- Ⓒ Walt Disney World
- Ⓓ Universal Orlando
- Ⓔ Sea World Orlando
- Ⓕ Gatorland
- Ⓖ Holy Land Experience

WALT DISNEY WORLD
Ⓒ  a4/5

Die vier großen Disney-Themenparks Magic Kingdom, Epcot, Animal Kingdom und Disney's Hollywood Studios sind eingebettet in eine weitläufige Erholungslandschaft. Das Areal ist von US 192 (Haupteingang) und I-4 zu erreichen; die Disney-Parks, -Hotels und der Campingplatz sind gut ausgeschildert und innerhalb des Geländes leicht zu finden.

INFOS

Alle wichtigen Infos und Links zu den Themenparks und weiteren Einrichtungen der Walt Disney World: http://disneyworld.disney.go.com. Besucher-Hotline: Tel. 407-939-2273. Tagestickets je Park 109–129 $, Kinder 3–9 Jahre 103–123 $; deutlich günstiger sind aber 2- bis 10-Tage-Tickets für mehrere Parks. Tickets sind vorab auch im Reisebüro zu buchen. Mit dem Ticketsystem **Fastpass** lassen sich die Warteschlangen abkürzen, und man kann zum Beispiel eine feste Zeit für eine Achterbahn reservieren. Wer in einem der Disney-Resorts wohnt, darf übrigens schon 1 Std. früher als andere Besucher in einen Park (jeweils täglich wechselnd) und teils 3 Std. über die offizielle Öffnungszeit hinaus bleiben. Infos dazu und zu vergünstigte Tickets unter www.disney.de/parks.

MAGIC KINGDOM

Der älteste Disney-Park wurde bereits 1971 eröffnet und ist auch sehr gut für kleinere Kinder geeignet. Bis heute ist er der klassische Themenpark mit vielen Disneyfiguren und prächtig-bunten Paraden geblieben. Im Mittelpunkt des »Magischen

Zebras im Afrika-Bereich von Disney's Animal Kingdom

Königreichs« steht das berühmte Märchenschloss **Cinderella Castle.** Ringsum warten Themenbereiche wie **Frontierland** mit Raddampfer, **Adventureland** mit Urwaldfahrt und den »Pirates of the Caribbean«, **New Fantasyland,** wo Kinder mit dem »Seven Dwarfs Train« sehr rasant das Reich der Sieben Zwerge kennenlernen können, und **Tomorrowland** mit wahrlich außerirdischen Rides wie »Space Mountain« oder »Stitch's Great Escape«.

DISNEY'S ANIMAL KINGDOM

Der jüngste Park in Walt Disney World ist ein Wildpark mit über 1700 Tieren auf einem Gelände, größer als die anderen drei Parks zusammen. Zu den schönsten Attraktionen gehören die **Kilimanjaro Safaris** durch die Savannen Afrikas, ein Nemo-Musical, die Wildwassertour durch die **Kali River Rapids,** die aufregende Reise durchs **Dinoland** und die neueste Attraktion **Pandora – The World of Avatar.**

EPCOT

Walt Disney konzipierte diesen Park als beispielhafte Zukunftsstadt, als »**E**xperimental **P**rototype **C**ommunity **o**f **T**omorrow«. Im ersten Teil des gut 100 ha großen Epcot werden in einer Art Weltausstellung Errungenschaften der Menschheit gefeiert und ein Blick in die Zukunft geworfen. Im **Spaceship Earth,** einem riesigen Kugelbau, wird die Geschichte der Kommunikation erzählt, nebenan führt Trickfilmstar Nemo durch die Welt der Ozeane.

Im zweiten Teil des Parks, dem **World Showcase,** sind rings um einen See typische Städte und Bauwerke aus elf Ländern nachgebaut. Jeden Abend steigt über dem See eine gigantische Laser-Feuerwerk-Show.

DISNEY'S HOLLYWOOD STUDIOS

Der 1989 als Disney-MGM Studios eröffnete Themenpark ist zugleich ein voll funktionstüchtiges Filmstudio mit Kulissenstadt, in der man Dreharbeiten beobachten kann und Filmtechniken erläutert bekommt.

Eine **Indiana-Jones-Stuntshow,** mehrere **Star-Wars-Shows** und originelle Restaurants wie das **Sci-Fi Dine-In Theatre** lassen einen Tag schnell vergehen. Beliebt sind auch die **Muppet-Show, American Idol** (»Amerika sucht den Superstar«), das 2018 neu eröffnete **Toy Story Land** oder der **Tower of Terror,** wo es im freien Fall 13 Stockwerke hinabgeht.

UNIVERSAL ORLANDO

 b3

Mit Universal Orlando hat Disney World ab 1990 in Orlando gehörig Konkurrenz bekommen, zu den Studios gesellte sich 1999 mit Islands of Adventure noch ein weiterer Themenpark.

INFOS

Universal Orlando Resort und die Themenparks liegen nahe der Kreuzung SR 435 und I-4 am Exit 29B, Tel. 407-363-8000; www.universalorlando.com. Eintritt: Erw. 115–124 $, Kinder von 3–9 Jahren 110–119 $, Ermäßigungen für mehrere Tage.

UNIVERSAL STUDIOS FLORIDA

Auf dem 180 ha großen Gelände des Orlando-Ablegers der kalifornischen Filmstudios täuschen Kulissenbauten Straßenzüge in New York oder San Francisco vor, hier spaziert man über Sunset und Hollywood Boulevard durch Hollywod. Dazu gibt es rund 40 Shows und Rides, bei denen die Zuschauer mit **Shrek** die Prinzessin befreien, mit den **Transformers** in die 3-D-Schlacht ziehen oder sich seit 2018 bei **Fast & Furious – Supecharged** auf rasante Fahrt begeben können. Auch zahlreiche andere Filme wie **Men in Black, Die Rache der Mumie, E.T.** oder **The Simpsons** sind vertreten. Und die Zauberwelt von Harry Potter ist als **Wizarding World – Diagon Alley** mit fantasievollen Kulissen und Rides ein Publikumsmagnet. › mehr S. 16 Punkt ㉘

Essen können Sie in klassisch amerikanischen Lokalen wie dem nostalgisch-filmreifen **Mel's Drive-In.** Zu den Studios gehört auch das weltgrößte **Hard Rock Cafe,** gebaut in Form einer riesigen Gitarre.

ISLANDS OF ADVENTURE

Einen weiteren Tag verdient der Themenpark direkt neben den Universal Studios: eine bunte Abenteuerwelt mit fünf Themeninseln. Geboten werden spektakuläre Achterbahnen wie »Dragon Challenge«, dreidimensionale Hightech-Fahrten wie **Spider Man** oder **Hulk** und Filmabenteuer wie **Jurassic Park River Adventure,** wo am Fluss die Dinos lauern. Ein ganzer eigener Bereich für Zauberschüler-Fans ist

Bei der Blues Brothers Show in Universal Orlando

– wie nebenan in den Studios – die roman- und filmecht gestaltete **Wizarding World of Harry Potter – Hogsmeade.**

SEA WORLD ORLANDO
 b4

Sea World ist mit 125 ha eines der größten Ozeanarien der Welt, das sich nicht zuletzt wegen seiner Schutzprogramme für bedrohte Meerestiere einen Namen gemacht hat. Orcas werden nicht mehr gezüchtet, doch es gibt weiterhin Shows mit Delfinen und Seelöwen – und dazu Lagunen, Aquarien und Terrarien mit Korallenriffen, Seekühen und Schildkröten.

Wer selbst ins Wasser möchte, kann nebenan einen Tag im bestens ausgestatteten Wasserpark **Aquatica** auf Riesenrutschen und bei spritzigen Fahrten wie **Infinity Falls** oder **Manta** zubringen.

Ein weiterer Teil der Anlage ist das tropisch gestylte Lagunenparadies **Discovery Cove,** wo man nach Voranmeldung in einem Ganztagsprogramm auch tauchen und mit Delfinen schwimmen kann (7007 Sea World Dr., Tel. 407-545-5550, www.seaworld.com/orlando; Eintritt 99 $, Kombitickets mit Aquatica für 2 Tage 150 $, günstige Mehrtagestickets).

GATORLAND F c5

Dieser Natur-Themenpark bei Kissemmee ist zwar relativ klein, verdient aber durchaus einen Besuch. Zu sehen sind rund 5000 Alligatoren und Krokodile, über die Mutige auch per *zip line* schweben können.

Außerdem gibt es exotische Vögel, Schlangen, einen Zypressensumpf, für Kinder auch einen Streichelzoo, zur Abkühlung den **Gator Gully Splash Park** und zahlreiche

Shows, bei denen Alligatoren und andere Tierarten vorgestellt werden (14501 South Orange Blossom Trail, US 441, Tel. 407-855-5496, www.gatorland.com; 30 $, Kinder 20 $).

HOLY LAND EXPERIENCE

Wie wäre es mit Religionsgeschichte »light« als Themenpark? Gezeigt wird das biblische Jerusalem mit Stätten aus Jesus Christus' Leben, dazu gibt es Gospelkonzerte und Passionsspiele mit detailgetreu kostümierten Römern und Juden (4655 Vineland Rd., Tel. 407-872-2272, www.holylandexperience.com; So/Mo geschl., 50 $, Kinder 35 $).

WASSERPARKS

Vor allem mit Kindern lohnen auch die großen Water Parks, die riesigen Erlebnisbäder Orlandos mit langen Rutschen, Wellenmaschinen etc. einen Besuch. Am besten planen Sie Wasserparks zur Entspannung an Tagen zwischen den Besuchen in den großen Themenparks. Die größten unter den Spaßbädern sind **Aquatica** neben SeaWorld, Disneys zwei Parks **Typhoon Lagoon** und **Blizzard Beach** (WDW Resort, Lake Buena Vista, Tel. 407-939-2273) sowie der neueste unter den Wasserparks: **Volcano Bay** von Universal. Auf 21 ha Fläche wurden hier rund um einen »Vulkan« auf einer nachgebildeten Insel Rutschen, künstliche Rafting-Flüsse und eine Südsee-Badebucht angelegt (6000 Universal Blvd., www.universalorlando.com; Eintritt 67 $, Kinder 62 $). › mehr S. 12 Punkt ❷

INFO

Orlando CVB Official Visitor Center
Neben dem Mercado Mediterranean Village. Hier gibt es vergünstigte Eintrittskarten für Attraktionen und Themenparks und die kostenlose »Orlando MagiCard«, die Vergünstigungen in der ganzen Region Orlando ermöglicht. Auch kurzfristige Zimmervermittlung. Tgl. 8–21 Uhr.
• 8102 International Dr. | Tel. 407-363-5872 www.visitorlando.com/GE-GL

VERKEHR

• **Flughafen:** Orlando International Airport, etwa 11 km südöstl. der Innenstadt am Beach Line Expressway, www.orlandoairports.net. Taxis, Limousinen und Shuttlebusse zu den Hotels rund um International Drive und Lake Buena Vista.
• **Bahnhof:** Amtrak Station, 1400 Sligh Blvd., Tel. 800-872-7245.
• **Busbahnhof:** Greyhound Terminal, 555 N. John Young Pkwy., Tel. 407-292-3424.
• **Stadtverkehr:** Das Stadtgebiet bedient das Stadtbussystem Lynx (www.golynx.com; Fahrpreis 2 $, 7-Tage-Pass 16 $). Entlang des International Drive fährt ein Trolleybus; die meisten größeren Hotels bieten Shuttles zu den Vergnügungsparks und Attraktionen.

HOTELS

Zur Hochsaison und an Feiertagen wie Ostern und Weihnachten sollte man in Orlando unbedingt vorab buchen. Es empfiehlt sich ein Quartier im Südwesten der Stadt nahe der Parks, z.B. eines der großen Resorts am International Drive, in Walt Disney World oder in Lake Buena Vista. Günstige Ferienanlagen und Motels findet man um die US 192 in Kissimmee. Im Reisebüro oder online sind für Aufenthalte von über einer Woche auch Ferienhäuser zu mieten.

Disney's Wilderness Lodge €€€
Spektakuläres Ferienresort im Stil einer rustikalen Wildnislodge der Rockies. Zimmer teils mit Blick auf Animal Kingdom; u.a. Privatstrand und Jachthafen, Golfplätze gleich in der Nähe.
• 901 Timberline Dr. | Lake Buena Vista
  Tel. 407-824-3200
  http://disneyworld.disney.go.com

Walt Disney World Swan €€€
Verrücktes Fantasy-Hotel des Star-Architekten Michael Graves im WDW Resort, mit 14 m hohen Schwänen auf dem Dach. Luxuriöse, bunt-verspielte Zimmer, riesige Poollandschaft.
• 1200 Epcot Resort Blvd.
  Lake Buena Vista | Tel. 407-934-4000
  www.swandolphin.com

Hard Rock Hotel €€–€€€
Cooles Designhotel der Rockcafé-Kette unmittelbar neben Universal Studios. Große Poollandschaft, häufig sehr gute Rockkonzerte.
• 5800 Universal Blvd. | Tel. 888-832-7155
  www.hardrockhotelorlando.com

Delta Lake Buena Vista €€
Gut geführtes Mittelklasse-Haus mit großen Zimmern und Apartments auf sieben Stockwerken. Spezielle Familienzimmer, gute Lage direkt am Eingang zu Disney World, Pool.
• 12490 Apopka Vineland Rd.
  Lake Buena Vista | Tel. 407-387-9999
  www.mariott.com

Parkway International €€
Schöne Apartments mit Küche ganz nahe zu Disneyworld; Pool.
• 6300 Safari Trail | Tel. 407-396-6600
  www.diamondresortsandhotels.com

Disney's All-Star Music Resort €–€€
Großes Fantasy-Hotel auf dem Gelände von Disney World.
• 1801 W. Buena Vista Dr.
  Lake Buena Vista | Tel. 407-939-6000
  http://disneyworld.disney.go.com

Golden Link €
Klassisches kleines Motel mit Pool nicht weit von Disney World.
• 4914 W. Irlo Bronson Memorial Hwy.
  Tel. 407-396-0555
  www.goldenlinkhotel.com

CAMPING

Disney's Fort Wilderness Resort & Campground
Riesiger, sehr luxuriöser Campingplatz, auch mit Ferienhütten, an einem See in Disney World mit mehreren Swimmingpools und großem Outdoor-Angebot.
• 4510 N. Fort Wilderness Trail
  Lake Buena Vista | Tel. 407-824-2900
  http://disneyworld.disney.go.com

RESTAURANTS

Mango's Tropical Cafe €€€
Kubanisch-amerikanisches Lokal mit Showprogramm und Tanzfläche abends. Auf zum Salsa!
• 8126 International Dr. | Tel. 407-226-3381

Adobe Gila's €€
Beliebtes Partylokal mit mexikanischer Küche und guten Margaritas.
• 9101 International Dr. | Tel. 407-903-1477

Joe's Crab Shack €€
Kettenresataurant mit fröhlichem Ambiente. An rustikalen Holztischen gibt es frischen Fisch, Muscheln und reichlich Krabben.
• 8400 International Dr. | Tel. 407-352-2928

Rainforest Cafe €€
Zum Dinner im Dschungel lädt dieses Lokal ein: mit Gorillas und Elefanten als Kulisse. Nette Terrasse am See.
• Disney Marketplace | Tel. 407-827-8500

Longhorn Steak House €€
T-Bone-Steaks und feine Rippchen im Wildwest-Ambiente.
• 8181 International Dr. | Tel. 407-226-3381

B-Line Diner €
Stilvoller 24-Stunden-Coffeeshop im Hyatt Regency Hotel im Look der 1950er-Jahre, mit guten Hamburgern. > mehr S. 15 Punkt ㉑
• 9801 International Dr. | Tel. 407-284-1234

Preisgünstige Familienrestaurants sind die Häuser der Ketten **Olive Gardens** (italienisch), **Denny's** (amerikanisch), **Sizzler** (Steaks) und **Red Lobster** (Fisch und Hummer).

NIGHTLIFE

• Orlando ist in erster Linie ein Urlaubsziel für Familien, daher ist das Nachtleben eher etwas unterentwickelt. Doch wo es stattfindet, ist es – typisch für Orlando – wie ein Themenpark organisiert: Etwa im Nightlife-Erlebnispark **Pleasure Island** (Lake Buena Vista), dem Vergnügungskomplex **Downtown Disney** oder dem **Universal CityWalk** (Universal Blvd.). Beliebt sind für den Abend auch *dinner attractions:*
• Bei **Medieval Times** gibt's zum Essen ein farbenprächtiges Ritterturnier (4510 W. US 192, Tel. 888-935-6878).
• Beim **Pirate's Dinner Adventure** wird zum Abendessen eine spanische Galeone von Freibeutern erobert (6400 Carrier Dr., Tel. 407-206-5102).

DIE BESTEN OUTLET MALLS

• Für Shoppingsüchtige das ideale Ziel vor oder nach dem Flug ist die riesige **Dolphin Mall**. Sie liegt nur ein paar Meilen westlich vom Miami International Airport und birgt rund 80 Marken-Discountgeschäfte. > S. 69

• Die beiden Malls von **Orlando Premium Outlets** bieten in zusammen weit über 300 Läden eine preiswerte Auswahl an Markenkleidung und -accessoires. > S. 98

• Diese Mall ist nicht zu übertrumpfen: 350 Markenläden auf fast 200 000 Quadratmeter Verkaufsfläche sind in **Sawgrass Mills** bei Fort Lauderdale das Ziel für gut 25 Millionen Besucher jährlich. Das ist der Rekord für Florida. > S. 100

• Von Disney-Klamotten bis zu Timberland, Levi's und Golf-Discountläden wie Greg Norman decken die **St. Augustine Outlets** mit 85 Geschäften das ganze Spektrum der US-Shopping-Kultur ab. > S. 112

• Mit rund 130 Outlet-Läden zählen die **Ellenton Premium Outlets** in der Nähe von Bradenton zu den größten Discount-Malls an der Westküste Floridas. > S. 125

• Eine gute Adresse, die nicht so überlaufen ist, sind die **Sanibel Outlets** im Süden von Fort Myers mit über 40 günstigen Markenshops. > S. 129

- **Capone's Dinner Show** lässt das Chicago der 1930er-Jahre wiederauferstehen, hier schießen sich die Unterwelt-Gangster durch ein Musical (4740 W. US 192, Tel. 407-397-2378).
- Die **Blue Man Group** serviert kein Dinner, aber eine dynamische, witzige, überraschende Show mit viel Getrommel (Universal CityWalk, Tel. 407-258-3626).

SHOPPING

- Markenkleidung und -accessoires namhafter Labels mit Preisnachlässen von bis zu 60 % erhält man in den zwei großen Malls von **Orlando Premium Outlets** mit ca. 150 Stores (8200 Vineland Ave.) bzw. rund 180 (4951 International Dr., beide: www.premiumoutlets.com; Mo–Sa 10–23, So 10–21 Uhr).
- Ebenfalls eine gute Adresse sind die **Lake Buena Vista Factory Stores** mit über 50 Markenläden in einer Outlet Mall nahe Disney (15657 S. Apopka Vineland Rd./SR 535, www.lbvfs.com; Mo–Sa 10 bis 21.30, So 10–19 Uhr).

AUSFLÜGE VON ORLANDO

LEGOLAND FLORIDA (CYPRESS GARDENS) 3 H5

Die dänischen Bauklötzchen haben auch Amerika erobert: Bei Winter Haven, an der SR 540 zwischen Orlando und Tampa, locken Themenwelten wie **Star Wars** oder **Miniland USA** – gepuzzelt aus 50 Mio. Legosteinen. Dazu gibt es Achterbahnen, eine Burg und eine Piratenshow – alles kindgerecht angelegt (für 2- bis etwa 12-Jährige). Das schön gelegene, weitläufige Parkgelände hieß früher »Cypress Gardens« und war der erste Vergnügungspark Floridas. Im Preis eingeschlossen ist der Besuch des **Legoland Water Park** mit Wellenbad und Wasserrutschen (Tel. 877-350-5346, www.legoland.com/florida, 112 $, Kinder 98 $).

OCALA NATIONAL FOREST
4 H3/4

Gut 100 km, also rund 1½ Stunden Fahrt, nördlich von Orlando dehnen sich die weiten Wälder des Ocala National Forest aus. Zahlreiche artesische Quellen sprudeln hier aus dem Karstboden – herrlich für einen Entdeckertag in der Natur. In den **Juniper Springs** an der SR 40 und den **Salt Springs** an der SR 19 kann man schön baden und in den hier beginnenden kleinen Flüssen Kanu fahren. Gut zum Tauchen und Schnorcheln sind die **Silver Glen Springs,** ebenfalls an der SR 19 (Infos über Kanumiete und Camping: Tel. 352-625-2520).

FORT LAUDERDALE
5 K8

Die 180 000-Einwohner-Stadt im Großraum Miami ist streng rechtwinklig angelegt und von unzähligen Kanälen auf einer Länge von fast 270 km durchzogen. Dies hat ihr den Beinamen »Venedig Amerikas« eingebracht.

Ihren richtigen Namen erhielt die Stadt von einem hölzernen Fort, das Major William Lauderdale einst während der Indianerkriege errichtet hatte. Der Stützpunkt verfiel und diente lange Zeit Meuterern, entlaufenen Sklaven und Deserteuren als Unterschlupf. Der Aufschwung kam erst Anfang des 20. Jhs. mit der Eisenbahn und als man begann, die großen Sümpfe trockenzulegen und Kanäle auszubaggern. Diese wurden zu Fort Lauderdales Markenzeichen: Was dem Durchschnittsamerikaner sein Auto, das ist dem Lauderdalian sein Boot oder seine Jacht. Man fährt damit zum Einkaufen, ins Restaurant, oder man schippert über den **Intracoastal Waterway** hinaus auf den Atlantik.

Die Traumschiffe aus aller Herren Länder können Sie im **Port Everglades** am Südrand von Fort Lauderdale bestaunen, dem nach dem Port of Miami zweitgrößten Kreuzfahrthafen der Welt. Ebenfalls einen Besuch verdient die **International Swimming Hall of Fame,** die Fotografien und Erinnerungsstücke rund um den Schwimmsport, von Johnny Weissmuller bis heute, zeigt (1 Hall of Fame Dr., www.ishof.org).

Die Flaniermeile in der City ist der **Las Olas Boulevard** mit eleganten Geschäften und Restaurants. Am schönsten ist die Stadt mit dem Water Taxi zu erkunden. Die Motorboote transportieren Besucher auf den Kanälen zu Sehenswürdigkeiten, Restaurants etc. (Tel. 954-467-6677, www.watertaxi.com).

Eine Alternative ist die dreiviertelstündige Sightseeing-Fahrt mit dem nostalgischen Schaufelraddampfer »Jungle Queen«, der sich vom Jachthafen Bahia Mar aus durch die Kanäle wühlt (Tel. 954-462-5596, www.junglequeen.com; tgl. 11 und 16.30 Uhr, Bar-B-Que-Dinnerfahrt um 18 Uhr).

INFO
Greater Fort Lauderdale CVB
• 101 NE. 3rd Ave. | Suite 100
Tel. 954-765-4466 | www.sunny.org

Das von Kanälen durchzogene Fort Lauderdale, oft auch »Venedig Amerikas« genannt

HOTELS

Marriott's Harbor Beach Resort €€€
Großes, 14-stöckiges First-Class-Hotel direkt am breiten Sandstrand. Diverse Restaurants, Tennis, Golf.
- 3030 Holiday Dr. | Tel. 954-525-4000
  www.marriottharborbeach.com

Elita Hotel €€
Stylisches kleines Hotel nur ein paar Schritte vom Strand.
- 3030 Bayshore Dr. | Tel. 954-467-0568
  www.gzellacollection.com/elita

Sea Spray Inn €€
Kleine Pension mit gepflegten Apartments, am ruhigen Nordrand der Stadt, wenige Schritte vom Strand gelegen.
- 4301 El Mar Dr. | Lauderdale by the Sea
  Tel. 954-776-1311 | www.seasprayinn.com

Tropi Rock Resort €
Tropisch bunt dekoriertes Motel in Nähe zum Strand und zu Restaurants.
- 2900 Belmar St. | Tel. 954-565-5790
  www.tropirockfortlauderdale.com

RESTAURANTS

Aruba Beach Café €€
Quirliges Strandlokal mit guten Salaten, frischem Fisch, Burgern und Sandwiches im Angebot. Beliebte Happy Hour, ab 16 Uhr Livemusik, abends »Dancing-by the-Sea«.
- 1 Commercial Blvd.
  Lauderdale-by-the-Sea
  Tel. 954-776-0001

Casablanca €€
Sehr nettes Restaurant am »Strip« mit guten Drinks und karibisch-spanischer Küche. Abends meist Piano-Livemusik.
- 3049 Alhambra St. | SR A1A
  Tel. 954-764-3500

Lulu's Bait Shack €€
Cajun-Küche und gute Drinks, begleitet von Meerblick und einer Parade von Flaneuren unten auf dem Boulevard.
- 17 S. Fort Lauderdale Beach Blvd.
  Tel. 954-463-7425

101 Ocean €€
Schickes, nicht zu teures Lokal mit bunt gemixter amerikanischer Küche. Freitags ist meistens Straßenparty.
- 101 E. Commercial Blvd.
  Lauderdale-by-the-Sea
  Tel. 954-776-8101

Floridian Restaurant €
Klassischer amerikanischer Diner. Rund um die Uhr geöffnet, schön auch zum Frühstücken.
- 1410 E. Las Olas Blvd.
  Tel. 954-463-4041

NIGHTLIFE

Fort Lauderdale hat einen legendären Ruf als Partystadt, auch wenn es um den notorischen Spring Break etwas ruhiger geworden ist. An der etablierten Kneipenmeile **The Strip,** die sich am Ostende des Las Olas Boulevard am Strand entlangzieht, reihen sich Restaurants und Cafés, Bars und Nightclubs aneinandner.

SHOPPING

Westlich vor den Toren der Stadt zieht **Sawgrass Mills** 7 K8, die größte Outlet Mall Amerikas, Schnäppchenjäger an: ein Shoppingparadies mit gigantischer Auswahl in weit mehr als 350 Geschäften. Vor allem Kleidung und Schuhe (> **mehr S. 18 Punkt** 39) werden mit kräftigem Discount angeboten (12801 W. Sunrise Blvd., Tel. 954-846-2300, www.sawgrassmillsmall.com; Mo-Sa 10–21.30, So 11–20 Uhr).

AUSFLUG IN DIE EVERGLADES

Dass Fort Lauderdale in den Ausläufern der Everglades liegt, sieht man im **Sawgrass Recreation Park** 6 J8 bei Weston am Highway 27, erreichbar über die I-75. Von hier aus werden Airboat-Touren durch die Sümpfe angeboten – auch nachts (1006 N. US 27, www.evergladestours.com).

Etwa eine Fahrstunde westlich von Fort Lauderdale, an der hier **Alligator Alley** genannten I-75, liegt tief in den Sümpfen die **Big Cypress Reservation** 7 J9 der Seminolen-Indianer. Ein gutes Ziel für einen Halbtagesausflug, denn hier informiert das hervorragend gestaltete **Ah-Tah-Thi-Ki-Museum** über die Geschichte und Kultur der Seminolen (auch Lehrpfade und Airboat-Touren in die Everglades; www.ahtahthiki.com; tgl. 9–17 Uhr). In der Nähe unterhalten die Seminolen ein großes Spielkasino, dessen Einnahmen auch einen Teil der Kosten für das Museum decken.

BOCA RATON 8 K8

Das elegante Seebad mit seinen mondänen Villen erhielt seinen eigenartig klingenden Namen vermutlich bereits im frühen 19. Jh., als Seeräuber hier Zuflucht suchten. *Boca raton* heißt im Spanischen so viel wie »Mäuseschnauze«, und mit viel Fantasie könnte man meinen, dass der Hafen der 100 000-Einwohner-Stadt diese Form hat. Der Name könnte aber auch »Bucht der Diebe« bedeuten und das würde wohl noch mehr Sinn ergeben.

Ähnlich wie Fort Lauderdale entstand Boca Raton auf trockengelegtem Sumpfland. Im **Gumbo Limbo Nature Center** führen Lehrpfade durch verbliebene Mangrovensümpfe und subtropische Wälder (1801 N. Ocean Blvd. A1A, 1 Meile nördlich der Palmetto Park Rd.).

Wer sich für asiatische Kunst interessiert, darf nebenan in **Delray Beach** das große **Morikami Museum** nicht verpassen: Umrahmt von einer schönen Gartenanlage sind hier über 5000 japanische Kunstwerke zu bewundern (4000 Morikami Park Rd.; Di–So 10–17 Uhr, 15 $).

PALM BEACH 9 K7

Der Vorzeigeort an der Gold Coast ist eigentlich eine schmale, lang gestreckte Insel. Palm Beach ist eine Enklave der Superreichen Amerikas, fast alle der knapp 10 000 Einwohner gehören zur High Society. Entsprechend ist die Atmosphäre: Man lebt in Ruhe, Touristen werden zwar geduldet, aber ignoriert. Seit 2016 herrscht allerdings mehr Rummel: Der luxusliebende Präsident Trump kommt oft zum Golfen in sein Anwesen am Südende von Palm Beach, das er in den 1980ern kaufte. **Mar a Lago** heißt seine Villa, die mittlerweile berühmte Adresse ist 1160 Ocean Avenue – und natürlich streng abgeriegelt.

Erschwingliche Unterkünfte findet man in den kleinen Strandorten

Palm Beachs exklusive Shoppingmeile Worth Avenue

ringsum, sodass man dann die fast nie überlaufenen feinen Sandstrände um Palm Beach genießen kann.

Die Story von Palm Beach begann um 1900: Gerade hatte Henry Flagler seine Eisenbahn gebaut, gerade sein Hotel »The Palm Beach Inn« errichtet. Schon bald kamen die wohlhabenden Gäste aus dem Norden, und das edle Städtchen am weißen Strand wurde immer mehr zum Domizil der Superreichen – der Rockefellers, der Woolworths, der Kennedys, der Beatles. Die Liste prominenter Namen ließe sich endlos fortsetzen. Doch die alten Konventionen bröckeln. Seit einigen Jahren umwirbt die Stadt verstärkt jüngere Gäste, man möchte nicht zum goldenen Altersheim werden.

Dies zeigt sich auch in den Boutiquen der Haupteinkaufsstraße von Palm Beach, in der **Worth Avenue** 8 – vergleichbar mit dem berühmten Rodeo Drive in Beverly Hills. Hier sind die exklusivsten Juweliere, Schuh- und Modemacher der Welt vertreten, hier kaufen Amerikas Berühmtheiten aus Film und Showbusiness ein. Es lohnt sich zu gucken, beim Shoppen muss man aber mit einem kräftigen Palm-Beach-Aufschlag rechnen.

Wahrzeichen und größte Sehenswürdigkeit von Palm Beach ist **The Breakers:** Es ist nicht nur das beste Hotel der Stadt, es ist ein Prunkmuseum, ein Symbol für eine große Zeit und die Gesellschaft, die damals hier Hof hielt. Gebaut wurde der Vorläufer des heutigen Hauses 1895 von dem Eisenbahnmagnaten Henry Flagler. Das Breakers in seiner heutigen Gestalt (1925) ist ein riesiger verschachtelter Prunkbau und eines der luxuriösesten Hotels der USA. Alle größeren Räume sind exklusiv von italienischen Künstlern mit Blattgold und Marmor gestaltet, zum Anwesen gehören zwei Golfplätze und ein Privatstrand (1 S. County Rd., www.thebreakers.com, €€€). > mehr S. 16 Punkt ㉗

Wie der legendäre Eisenbahnbauer lebte, kann man im nahen **Henry M. Flagler Museum** in der Coconut Row bestaunen. Diesen »Whitehall« genannten, schneeweißen Palast ließ Flagler 1910 für seine frisch angetraute Frau errichten. Im Garten des Anwesens steht Flaglers privater Eisenbahnwaggon (1 Whitehall Way; Mo geschl.).

HOTELS
Four Seasons €€€
Klassisches amerikanisches Luxushotel mit sehr persönlicher Atmosphäre und hervorragendem Service.
• 2800 South Ocean Blvd.
  Tel. 561-582-2800
  www.fourseasons.com/palmbeach

Bradley Park Hotel €€–€€€
Familiäres Hotel in einem denkmalgeschützten Haus. Beste Lage.
• 280 Sunset Ave. | Tel. 561-832-7050
  www.bradleyparkhotel.com

RESTAURANTS
Café l'Europe €€€
Sehen und gesehen werden ist das Motto hier. Dazu wird ausgezeichnete frankoamerikanische Kost serviert. Gute Fischgerichte.
• 331 South County Rd.
  Tel. 561-655-4020

Ta-boo €€–€€€
Traditionsreiches Trendlokal mit leichter California Cuisine und schickem Publikum. Ideal auch für einen Drink zwischendurch.
• 221 Worth Ave. | Tel. 561-835-3500

SailFish Marina €–€€
Terrassenlokal im mondänen Jachthafen von Singer Island. Beliebt zum Frühstücksbrunch am Sa/So.
• 98 Lake Drive | Palm Beach Shores
  Tel. 561-842-8449

WEST PALM BEACH
10 K7

Direkt gegenüber dem edlen Palm Beach liegt die weitläufige Wohn- und Geschäftsstadt (108 000 Einw.) mit dem »West« davor. Wegen des Platzmangels auf der Insel stehen hier einige mit Geld aus Palm Beach finanzierte Kulturstätten: Das **Norton Museum of Art,** Floridas größtes Kunstmuseum, besitzt eine herausragende Sammlung von Impressionisten, zeigt aber auch amerikanische Künstler (1451 S. Olive Ave., www.norton.org; Umbau bis 2019). Das 55 Mio. $ teure – aus privaten Spendengeldern finanzierte – **Kravis Center for the Performing Arts** birgt eine Konzerthalle, die für ihre hervorragende Akustik berühmt ist (Kartenreservierung: Tel. 561-832-7469, www.kravis.org).

INFO
Palm Beach County Visitors Bureau
• 1555 Palm Beach Lakes Blvd.
  Suite 800 | Tel. 800-554-7256
  www.thepalmbeaches.com

HOTEL
Grandview Gardens €€
Gepflegte kleine Frühstückspension mit Pool und schönem Garten in ruhiger Lage.
- 1608 Lake Ave. | Tel. 561-833-9023
  www.grandview-gardens.com

RESTAURANT
John G's €
Sehr beliebter Coffeeshop – bekannt vor allem fürs Frühstück.
- 264 S. Ocean Blvd. | Manalapan
  Tel. 561-585-9860

VERO BEACH 11 K6

Unter den vielen kleinen Strandorten zwischen Palm Beach und Cape Canaveral ist Vero Beach (17000 Einw.) der populärste. Hier gibt es nämlich nichts außer einem herrlichen Sandstrand mit Promenade, gute Restaurants, den malerischen Indian River und Orangenplantagen. Genau deswegen erfreut sich der Ort wachsender Beliebtheit bei Urlaubern und auch Prominenten aus dem Showgeschäft, die Wert auf Ruhe und Erholung legen. Vor einigen Jahren hat hier sogar die Disney Company ein Hotel eröffnet.

HOTELS
Caribbean Court €€
Hübsches, stilvoll eingerichtetes B&B-Inn mit ausgezeichnetem Restaurant »Maison Martinique« > rechts
- 1601 South Ocean Dr. | Tel. 772-231-7211
  www.thecaribbeancourt.com

Disney's Vero Beach Hotel €€
Weitläufiges Ferienhotel, nette Strandvillen; großes Kinderprogramm.
- 9250 Island Grove Terrace
  Tel. 772-234-2000
  https://verobeach.disney.go.com

Vero Beach Econo Lodge €
Solides Kettenmotel an der Hauptstraße etwas im Binnenland, mit Pool.
- 950 US Hwy. 1 | Tel. 772-569-0900
  www.choicehotels.com

RESTAURANTS
Maison Martinique €€€
Vielleicht eines der besten Restaurants der Gold Coast. Ein Franzose kocht und serviert vorwiegend Fisch- und Meeresfrüchte-Spezialitäten.
- 1601 S. Ocean Dr. | Tel. 772-231-7299

The Ocean Grill €€–€€€
Urwüchsiges Restaurant mit herrlichem Meerblick, das gute Steaks und Fisch auftischt.
- 1050 Sexton Pl. | Tel. 772-231-5409

AUSFLUG: PELICAN ISLAND 12 K6

Vogelfreunde sollten einen Abstecher etwa 20 km nördlich von Vero Beach einplanen: Pelican Island Wilderness wurde bereits 1903 von Präsident Theodor Roosevelt geschaffen und ist das älteste Wildnisschutzgebiet der USA. Mehrere Wanderwege mit Aussichtsplattformen erschließen das **National Wildlife Refuge,** am schönsten erlebt man die Vogelwelt aber auf einer Bootstour vom Environmental Learning Center aus (255 Live Oak Dr., Vero Beach, www.fws.gov/pelicanisland).

COCOA BEACH 13 J5

Das Strand- und Surferstädtchen (13 000 Einw.) an der A1A liegt bereits im Einflussbereich des nahen Cape Canaveral. Cocoa Beach war auch in den 1970ern »Wohnsitz« des TV-Astronauten Major Nelson und seiner »bezaubernden Jeannie«. Aber auch heute lohnt ein Stopp. Einen Spaziergang wert ist der lange hölzerne **Pier** mit Restaurants und einer Tiki Bar am Ende. Der Strand hier ist der Cape Canaveral nächstgelegene – und bietet bei Raketenstarts gute Aussichten.

Die kleine Altstadt des benachbarten **Cocoa Village** wurde restauriert und lohnt einen Bummel zu Boutiquen und Restaurants.

INFO
Florida's Space Coast
- 430 Brevard Ave. | Suite 150
  Cocoa Village | Tel. 321-433-4470
  www.visitspacecoast.com
  www.visitcocoabeach.com

HOTELS
The Inn at Cocoa Beach €€
Stilvolles B&B-Hotel mit individuell eingerichteten Zimmern, direkt am Strand.
- 4300 Ocean Beach Blvd.
  Tel. 321-799-3460
  www.theinnatcocoabeach.com

La Quinta Inn Cocoa Beach €
Früher gehörte das kleine Kettenhotel den Astronauten von Mercury 7. Zum Strand sind es nur 2 Min. zu Fuß.
- 1275 N. Atlantic Ave. | Tel. 321-783-2252
  www.laquintacocoabeachportcanaveral.com

RESTAURANTS
Atlantic Ocean Grill €€
Beliebtes legeres Fischlokal auf dem Cocoa Beach Pier. Guter Sonntagsbrunch.
- 401 Meade Ave. | Tel. 321-783-7549

Fishlips Waterfront Bar & Grill €–€€
Beliebtes Partylokal am Wasser mit Blick auf die großen Kreuzfahrtschiffe. Häufig Livemusik.
- 610 Glen Cheek Dr. | Port Canaveral
- Tel. 321-784-4533

Ossorio Cafe €
Nett zum Lunch oder Kaffee: Flammkuchen, Pizza, Eis und sehr gutes Gebäck.
- 316 Brevard Ave. | Cocoa Village
  Tel. 321-639-2423

NIGHTLIFE
Beach Shack €
Legeres Strandlokal im Herzen von Cocoa Beach, oft Live-Blues und -Rock. Auch tagsüber beliebt.
- 1 Minuteman Cswy. | Tel. 321-783-2250

SHOPPING
Ron Jon Surf Shop
Wer Zubehör für Strand und Surfen sucht, sollte den blauen Palast in Cocoa Beach an der A1A nicht verpassen: Floridas größten Wassersportladen. > mehr S. 18 Punkt
- 4151 N. Atlantic Ave. | Tel. 321-799-8888
  www.ronjonsurfshop.com

CAPE CANAVERAL
14 J4/5

Öde und leer wirkt **Merritt Island**, wo der Weltraumbahnhof der NASA liegt. Erst nach einigen Meilen wird man von der Faszination gepackt. Denn von hier startete Apollo 11 mit den Astronauten Neil Armstrong und Edwin Aldrin, die am 21. Juli 1969 als erste Menschen den Mond betraten, sowie Michael Collins. Und alle paar Monate startet auch heute eine Rakete ins All, wobei hier der Trend zu Privatinvestitionen von High-Tec-Konzernen für Trägerraketen geht.

Die US-Raumfahrt begann nach dem Zweiten Weltkrieg – mit deutscher Unterstützung durch Wissenschaftler wie Wernher von Braun – zunächst zögerlich. Doch als die Sowjets ab 1957 mit ihren Sputniks den Weltraum eroberten, wurde der Mond erklärtes Ziel der Nation. Zum Preis von 80 Mrd. $ setzte 1969 Neil Armstrong als erster Mensch den Fuß auf den Mond. Trotz tragischer Rückschläge wie der Explosion der Raumfähre »Challenger« nach dem Start oder dem Verglühen der »Columbia« beim Wiedereintritt in die Erdatmosphäre wurde die US-Raumfahrt fortgeführt. Bemannte Missionen zur Raumstation ISS erfolgten nach Einstellung des Space-Shuttle-Programms im Juli 2011 jedoch per »Charter« in russischen Sojus-Raumschiffen. Präsident Trump kündigte allerdings im Sommer 2018 an, das Raumfahrtprogramm der NASA wieder aufnehmen zu wollen. Das letzte **Space Shuttle »Atlantis«**, ist heute eine Besucherattraktion: Es parkt nun nach 33 Raumflügen beim Visitor Center. › mehr S. 17 Punkt ㊲

JOHN F. KENNEDY SPACE CENTER 9 J5

Für Besucher hat die Weltraumbehörde den Komplex an der SR 405 geschaffen. Hier ist von Zweifeln am Sinn der bemannten Raumfahrt wenig zu spüren, hier werden Amerikas Erfolge im All gefeiert. Auf dem Freigelände sind zahlreiche Raketen ausgestellt sowie das Space Shuttle

---

🐊 ALLIGATOREN UND RAKETEN

Anfangs hatte alles rein zweckmäßige Gründe. **Merritt Island** wurde 1947 als Raumfahrtstation gewählt, weil sie gut zu schützen war und der Atlantik eine ideale Abschussfläche bot. Schnell jedoch rief dieser Plan Naturschützer auf die Barrikaden. Die vielen seltenen Tierarten in den riesigen Sumpfgebieten der Insel würden durch die Raketen gestört werden, vermutete man. Doch es geschah das Gegenteil: Die wenigen Starts im Jahr störten die Tiere weit weniger als die Invasion von Touristen mit Autos, Jet-Skis und sonstigen Krachmaschinen drumherum. Immer mehr bedrohte Tierarten fanden hier Zuflucht, sodass die Sümpfe und Lagunen sogar zum größten Naturschutzgebiet im Osten der USA erklärt wurden, dem **Merritt Island National Wildlife Refuge.** Heute leben in dem 56 700 ha großen Sperrgebiet und der angrenzenden **Canaveral National Seashore** u.a. Alligatoren, Gürteltiere, Seekühe sowie rund 260 Arten von Wasservögeln.

Space Shuttle und Raketen im J. F. Kennedy Space Center

Atlantis, daneben steht das **Astronauts' Memorial,** eine schwarze Granitwand mit den Namen der bei Weltraumflügen ums Leben gekommenen Astronauten. Unbedingt sehenswert: die Filme im **Imax-Kino,** der Nachbau des **Hubble Telescope** sowie ein »Raketenstart« mit **Shuttle Launch Experience.** Und beim »Lunch with an Astronaut« kann man sogar echte Raumfahrer kennenlernen (70 $, Kinder 36 $, Reservierung erforderlich).

Höhepunkt des Besuchs ist die **Kennedy Space Center Tour,** eine Rundfahrt über das weitläufige Gelände. Startend am Visitor Center, führt die rund 45-minütige Bus-Sightseeingtour vorbei am riesigen, 160 m hohen VAB-Gebäude (Vehicle Assembly Building), in dem die Raketen montiert werden, zum **International Space Station Center,** zu den Abschussrampen und endet am **Apollo Saturn V Center,** in dem die Geschichte der Mondlandung 1969 dokumentiert wird. › mehr S. 15 Punkt ㉓ Spezielle Touren für Technikfans zeigen den Kontrollraum und weitere Bereiche des Weltraumbahnhofs (tgl. ab 9 Uhr, Touren ab 9.30 Uhr alle 15 Min., 57 $, Kinder 47 $).

Am Westende des Raumfahrtkomplexes dokumentiert das neue Ausstellungszentrum **Heroes & Legends** mit der **US Astronaut Hall of Fame** die frühen Tage der Raumfahrt und die Menschen, die hinter den amerikanischen Erfolgen beiden Flügen ins All stehen.

INFO

Kennedy Space Center
- Visitor Complex | SR 405
  Tel. 866-737-5235
  www.kennedyspacecenter.com

Infos der **NASA** zu Raketenstarts und Missionen: www.nasa.gov/missions

DAYTONA BEACH
 J4

Für alle Autofans ist Daytona Beach (620 000 Einw.) gleichbedeutend mit Motorsport und Geschwindigkeitsrekorden. Bereits 1902 fanden in Daytona Beach und im benachbarten Ormond Beach die ersten Autorennen statt. Damals knatterten tollkühne Piloten wie Alexander Winton und Ransom E. Olds mit 92 km/h über den brettharten Strand. Vier Jahre später fiel die 200-km/h-Marke und 1935 raste Sir Malcolm Campbell mit 445 Sachen über den Sand – und als letzter Rennfahrer von Daytona Beach ins Guiness-Buch der Rekorde.

Als die Hochgeschwindigkeitsrennen auf Sand schlichtweg zu gefährlich wurden, baute man schließlich den **Daytona International Speedway,** auf dem heute die großen Stock-Car- und anderen Autorennen stattfinden. Die wichtigsten Rennen wie etwa das »Daytona 500« werden zwischen Januar und März gefahren. Wenn keine Rennen angesetzt sind, können Autofans das riesige Stadion täglich auf geführten Touren besichtigen. Die Guides erzählen von den legendären Stockcar-Rennen der frühen Tage und den damals berüchtigten Karambolagen (1801 International Speedway Blvd., www.daytonainter nationalspeedway.com). Man kann sogar selbst einen Nascar-Rennwagen über die Piste steuern – oder mitfahren (www.drivepetty.com).

Hauptattraktion in Daytona ist aber nach wie vor der 37 km lange,

---

🐞 FRÜHLINGSGEFÜHLE – SPRING BREAK

Jedes Jahr an Ostern ist es wieder soweit: Gerade haben die 500 000 Motorradfahrer Daytona Beach verlassen, die hier traditionell in der ersten Märzwoche die Bike Week veranstalten, da bricht eine noch größere Invasion über die Stadt herein. Aus allen Teilen des Landes kommen junge Leute angereist, denn *Spring Break* ist in Daytona Beach die Zeit der Studenten, die traditionell hier ihre Frühjahrsferien verbringen: die Zeit des leichten Lebens, des schnellen Abenteuers und des heftigen Alkoholkonsums. Weder Aids-Angst noch Gesünder-Leben-Kampagnen haben der Freude Abbruch getan, Tag und Nacht wird gefeiert. Schon längst haben die Einwohner der Stadt erkannt, dass bei dem Spektakel gute Dollars zu machen sind. Wehrte man sich früher noch dagegen, dass wochenlang betrunkene Kids durch die Straßen torkelten und an den Stränden wilde Orgien gefeiert wurden, so hängt man heute schon lange vor dem Großereignis Transparente mit *students welcome* aus. Zugleich erhöht man natürlich die Preise für Betten und Bier, denn das Gros der Studenten von heute hat Mom und Dad als Sponsoren. Der »normale« Tourist sollte Daytona Beach während dieser Zeit meiden – es sei denn, er ist geneigt, sich in den Trubel zu stürzen und eine *good time* zu haben.

Strandtrubel am so berühmten wie beliebten Daytona Beach

zum Teil befahrbare Strand – auch wenn der Verkehr heute auf 10 mi/h abgebremst ist. › mehr S. 12 Punkt ❶ Ruhefanatiker sind hier fehl am Platz: Am Strand toben Jugendliche auf Quads im Sand oder auf Jet-Skis im Wasser, und nachts amüsiert man sich in den Bars, Discos und Treffs an der lebhaften **Atlantic Avenue,** die sich auf ganzer Länge die Küste hinzieht. Mittelpunkt des Geschehens ist der **Boardwalk** beim Pier am Ende der Main Street.

Wer es ruhiger mag, sollte ans Südende von Daytona Beach zum Park um das **Ponce de Leon Inlet Lighthouse** flüchten. Hier ist der Strand selten überlaufen, Naturpfade erschließen die Dünen, und vom originalgetreu erhaltenen Leuchtturm von 1887 bietet sich ein weiter Blick (www.ponceinlet.org).

Schöne Blicke hat man auch bei einer zweistündigen Dinnerfahrt mit dem nostalgischen Raddampfer von **Dine and Cruise** auf dem Halifax River (Tel. 386-402-1353, www.dineandcruise.com).

INFO

Daytona Beach Area Visitors Bureau
- 126 E. Orange Ave. | Tel. 386-255-0415
  www.daytonabeach.com

HOTELS

Hilton Daytona Beach €€€
15-stöckiges, terrassenförmig gebautes First-Class-Hotel mit eigenem Strand, alle 743 Zimmer mit Blick aufs Meer. Sehr gutes Restaurant.
- 100 N. Atlantic Ave. | Tel. 386-254-8200
  www.daytonahilton.com

Best Western Aku Tiki Inn €€
Legeres Aparthotel am Meer, die Zimmer teilweise mit Kochgelegenheit.
- 2225 S. Atlantic Ave. | Tel. 386-252-9631
  www.bwakutiki.com

Tropical Manor Motel €–€€
Freundliches Hotel direkt am Strand, mit großen Zimmern, Restaurant und Pool – auch für Kinder.
• 2237 S. Atlantic Ave. | Tel. 386-252-4920
www.tropicalmanor.com

RESTAURANTS

Aunt Catfish's €€
Lautes, aber gemütliches Traditionslokal, das Südstaatenküche, Steaks und Seafood mit Blick über den Halifax River serviert.
• 4009 Halifax Dr. | Port Orange
Tel. 386-767-4768

Longhorn Steakhouse €€
Solides Steakrestaurant am Westrand der Stadt nahe dem Speedway. Sehr gut: das »Outlaw Ribeye Steak«.
• 2504 W. International Speedway Blvd.
Tel. 386-258-3313

Boot Hill Saloon €
Beliebte Biker-Bar gegenüber dem Friedhof in Daytona Beach, öfters Live-Rock sowie Events für Harleyfans und andere Biker.
> mehr S. 17 Punkt ㉚
• 310 Main St. | Tel. 386-258-9506

ST. AUGUSTINE 15 J3

Kaum zu glauben, dass das so junge Florida zugleich die älteste Stadt der Vereinigten Staaten hat. Doch die idyllische Kleinstadt (14 000 Einw.) gilt als die älteste kontinuierlich bewohnte Siedlung der Europäer in den heutigen USA. Und St. Augustine hat sich seine charmante Kolonialatmosphäre aus der spanischen Zeit bewahrt.

Beim heutigen St. Augustine betrat 1513 Ponce de León als erster Weißer den Boden Floridas. Gut 50 Jahre später versuchten französische Hugenotten etwas weiter nördlich eine Kolonie zu gründen. Doch noch im Herbst desselben Jahres, 1565, vernichtete der spanische Konquistador Pedro Menéndez de Avilés die französische Kolonie und gründete eine spanische Siedlung: St. Augustine. Die Stadt blieb seither ständig besiedelt – und umkämpft von Indianern, Piraten und Engländern; sie wechselte im Laufe der Jahrhunderte ständig die Besitzer. Die Moderne begann 1885 mit Henry Flagler und dem Bau einer Eisenbahnlinie: St. Augustine wurde zum Winterkurort reicher Industrieller. Als die Bahnlinie jedoch weiter nach Süden geführt wurde, zogen auch die reichen Urlauber weiter. Die Stadt fiel in einen langen Dornröschenschlaf, der erst mit dem neuen Touristenboom der letzten Jahre endete.

CASTILLO DE SAN MARCOS

Blickfang am Hafen von St. Augustine ist diese massive sternförmige Festung aus gelblich-weißem Muschelkalkstein, aus dem auch die meisten Häuser der Stadt bestehen. Errichtet wurde das Castillo zwischen 1672 und 1695 von den Spaniern als Schutz gegen die Engländer. Zu besichtigen sind hier das Wachhaus, das ehemalige Munitionslager, ein Gefängnis und eine Kapelle. An den Wochenenden werden die alten Kanonen abgefeuert (National Monument, Info-Tel. 904-829-6506; tgl. 8.45–17 Uhr, Eintritt 15 $, Kinder unter 16 J. frei).

DOWNTOWN

Die überschaubare Innenstadt lernt man am besten zu Fuß oder per Pferdekutsche kennen. Hauptachse ist die malerische **St. George Street**, die am Nordende mit einem Stadttor beginnt. Einige Schritte weiter zeigen das **Pirate und Treasure Museum** (12 S. Castillo Dr.) sowie das Freiluftmuseum **Colonial Quarter** die spanische Kolonialzeit in originalgetreu restaurierten Gebäuden. Kostümierte Führer spielen den Alltag der Soldaten, Händler und Siedler nach (33 St. George St.).

Auch die meisten anderen Sehenswürdigkeiten liegen rings um die Fußgängerzone, wie etwa das älteste Haus Amerikas, das **Gonzáles-Alvarez House** (14 St. Francis St.), oder das **Oldest Wooden Schoolhouse** (14 St. George St.) aus der Zeit um 1750. Die älteste katholische Pfarrei Amerikas in der **Cathedral of St. Augustine** (40 Cathedral Pl.) stammt von 1797.

Recht jung ist dagegen das 1891 von Flagler erbaut **Old Jail** (167 San Marco Ave.), das ganz unschuldig wie ein viktorianisches Haus aussieht – Flager wollte in seiner Stadt kein hässliches Gefängnis haben.

An der **King Street** im Süden der St. George Street stehen die prunkvollen Hotels, die Henry Flagler Ende des 19. Jhs. für seine betuchte Klientel erbauen ließ: Das maurisch angehauchte Ponce de León Hotel (Nr. 74) ist heute ein College, das in spanischem Neobarock gestylte Alcazar Hotel (Nr. 75) dient als Ausstellungsgebäude des **Lightner Museum,** das eine große Sammlung von Kunst des 19. Jhs. birgt.

St. Augustine kann aber auch mit zeitgenössischen Attraktionen aufwarten: Als Golfer sollte man sich am Stadtrand die **World Golf Hall of Fame** nicht entgehen lassen, wo Memorabilien der weltbesten Golfspieler präsentiert werden (I-94, Exit 323).

St. Augustines ehemaliges Alcazar Hotel birgt heute das Lightner Museum

ANASTASIA ISLAND

Gleich am Südrand der Stadt, an der A1A auf Anastasia Island, wartet eine wirklich »tierische« Attraktion: Die bereits 1893 gegründete **St. Augustine Alligator Farm** besitzt die interessanteste Ansammlung von Reptilien und Panzerechsen in ganz Florida. Sehr eindrucksvoll ist der Weg um den sumpfigen Teich mit heimischen Alligatoren, Nervenkitzel verspricht »Crocodile Crossing«: Schweben mit Seilsicherung über den Echsen. In den Bäumen nisten zahlreiche Seidenreiher (Tel. 904-824-3337, www.alligatorfarm.com).

Direkt gegenüber dehnt sich in der **Anastasia State Recreation Area** ein herrlich langer Dünenstrand aus (Campingplätze).

INFO
St. Augustine, Ponte Vedra & The Beaches Visitors Center
Beim Stadttor an der St. George St.

In den Dünen der State Recreation Area von Anastasia Island

- 10 W. Castillo Dr.
  Tel. 904-825-1000 | 800-653-2489
  www.floridashistoriccoast.com

HOTELS
Casa Monica €€€
Prachtvoll renoviertes historisches Hotel im maurischen Stil direkt in der Altstadt.
- 95 Cordova St. | Tel. 904-827-1888
  www.casamonica.com

Kenwood Inn €€–€€€
Historisches B&B in der Altstadt; Pool.
- 38 Marine St. | Tel. 904-824-2116
  www.thekenwoodinn.com

RESTAURANTS
Columbia Restaurant €€€
Spanische Kost in der Altstadt – zwar touristisch, aber gut.
- 98 St. George St. | Tel. 904-824-3341

Gypsy Cab Company €€
Ganz unscheinbar an der Hauptstraße gelegen, aber mit anspruchsvoller Küche, vor allem mit frischem Fisch und Meeresfrüchten. Täglich wechselnde Abendkarte.
- 828 Anastasia Blvd. | Tel. 904-824-8244

Saltwater Cowboys €–€€
Rustikales Fischlokal mit Blick über die Marschlandschaft, südlich der Stadt. Manchmal Livemusik.
- 299 Dondanville Rd. | Tel. 904-471-2332

SHOPPING
St. Augustine Outlets Mall
Zum gepflegten Shoppen lädt an der Kreuzung von I-95 und SR 16 die renovierte und erweiterte Discount Mall mit fast 80 Markenläden.
- 500 Outlet Mall Blvd.
  www.staugoutlets.com

JACKSONVILLE 16 H2

Die Stadt ist ein Phänomen: Mit gut 1,5 Mio. Einwohnern ist sie die größte Einzelstadt Floridas und flächenmäßig gesehen sogar die größte der gesamten USA. Dennoch führt Jacksonville ein Schattendasein. Touristisch kann die geschäftige Industriestadt nicht viel bieten, doch ein Bummel durch den riesigen Hafen und am **Riverwalk** entlang ist durchaus reizvoll.

Einen Besuch verdient auch die **Anheuser Busch Brewery,** einer der zwölf Brauereien in den USA des Großkonzerns und Produzenten des populären »Bud«. Mehrmals täglich werden knapp einstündige Führungen angeboten, selbstverständlich mit kleinen Kostproben (111 Busch Dr., Tel. 904-696-8373, www.budweisertours.com; Mo–Sa 10–16 Uhr).

AMELIA ISLAND 17 H2

Die nördlichste Insel an Floridas Atlantikküste zieht sich gut 20 km bis zur Grenze nach Georgia hin. Heute ist das Eiland vor allem wegen des internationalen Tennisturniers im April bekannt. Doch Amelia hat auch Geschichte: Die Insel wurde wegen ihrer strategisch wichtigen Lage über Jahrhunderte von Spaniern, Engländern, Franzosen und Amerikanern umkämpft. Das zum Museum restaurierte **Fort Clinch** zeugt von diesen turbulenten Tagen.

Ende des 19. Jhs. war Amelia Island eines der ersten Sonnenziele: Exklusive Golf- und Tennisresorts liegen inmitten herrlicher Parkanlagen an den langen Dünenstränden. Hauptort der Insel ist **Fernandina Beach,** das einst ein Fluchtpunkt für Piraten und Schmuggler war. Heute zeigt es sich als malerisches 12 000-Seelen-Städtchen mit viktorianischen Häusern und Hafen.

INFO
Amelia Island Welcome Center
• 102 Centre Street | Fernandina Beach
Tel. 904-277-0717
www.ameliaisland.com

HOTELS
Omni Amelia Island Plantation €€€
Weitläufiges Golf-, Tennis- und Strandresort am Südende von Amelia Island mit gepflegten Ferienwohnungen und Villen.
• 39 Beach Lagoon | Tel. 904-261-6161
www.omnihotels.com

The Addison on Amelia €€–€€€
Gepflegtes kleines B&B-Hotel in drei restaurierten viktorianischen Häusern mit hübschem Innenhof.
• 614 Ash St. | Amelia Island
Tel. 904-277-1604
www.addisononamelia.com

RESTAURANTS
Brett's Waterway Café €€
Achteckiger Holzbau am Hafen mit großer Veranda. Gute Steaks und Seafood.
• 1 S. Front St. | Fernandina Beach
Tel. 904-261-2660

Café Karibo €–€€
Bistro mit hübscher Terrasse und Gourmet-Ambitionen. Braukneipe nebenan.
• 27 N. 3rd St. | Fernandina Beach
Tel. 904-277-5269

DIE WESTKÜSTE

Galerie auf Naples'
Flaniermeile
5th Avenue South

Zwischen Naples und der Region von St. Petersburg/Clearwater, an den Gestaden des Golfs von Mexiko, liegen Floridas beliebteste Strände. Attraktiv ist das Freizeit- und Kulturangebot der relativ ruhigen Städte.

Anders als die Ostküste, die aus einem fast durchgehenden langen Sandstrand besteht, ist die Golfküste viel stärker gegliedert. Zahlreiche Buchten und Inseln schaffen Abwechslung, kleine Jacht- und Fischerhäfen schmiegen sich an die weitverzweigten Meeresarme, und viele der vorgelagerten Inseln sind noch relativ ruhig und einsam – nur hin und wieder zerzaust im Spätsommer ein Hurrikan das Idyll. Die kleinen Städtchen an der Westcoast träumen in den Tag hinein, und das Strandleben plätschert gemütlich dahin. Sogar der Golf von Mexiko schickt nur ganz sanfte Wellen an die flachen Sandstrände, sodass sich die Region besonders für einen Urlaub mit Kindern anbietet.

Muschelnsammeln auf Sanibel Island

Tampa/St. Petersburg ist nach Greater Miami der zweitgrößte Ballungsraum Floridas, einen besonderen Zuzug hat die südliche Golfküste um Naples und Fort Myers mit den Inseln Sanibel und Captiva in den letzten Jahrzehnten erfahren. Trotzdem findet man noch ruhige, fast menschenleere Strandabschnitte. Und im nach wie vor nur dünn besiedelten Hinterland blieb ein großer Teil der ursprünglichen Natur erhalten: In Reservaten wie dem Corkscrew Swamp oder dem Myakka River State Park wachsen uralte Sumpfzypressen, einheimisches Palmetto und farbenprächtige Orchideen. Im J. N. »Ding« Darling National Wildlife Refuge paddeln Alligatoren durch das sumpfige Wasser, und Scharen von Zugvögeln finden dort ein Winterquartier.

Die beste Reisezeit für den Süden der Region ist das Winterhalbjahr bis etwa Mai. Im Sommer drohen schwüle Hitze und Moskitos. Der Norden von Sarasota bis Clearwater ist dagegen auch im Sommer gut geeignet für Strandurlaube, im Januar und Februar dagegen oft empfindlich kühl. Rund ums Jahr aber hat die Region einen Vorteil: Im Gegensatz zum atlantischen Osten kann Floridas Westküste mit glutroten romantischen Sonnenuntergängen über dem Meer aufwarten.

TOUREN IN DER REGION

AM GOLF NACH NORDEN

> **ROUTE:** St. Petersburg › St. Pete Beach › Clearwater › Tarpon Springs
>
> **KARTE:** Seite 116/120
> **LÄNGE:** 1 Tag/70 km
> **PRAKTISCHE HINWEISE:**
> - Ein Mietwagen ist für die individuelle Küstenfahrt unerlässlich.
> - Alternativ kann man nur eine der örtlichen Sightseeing-Touren buchen, die ebenfalls Tarpon Springs im Programm haben.

TOUR-START:

In **St. Petersburg** 2 › S. 122 fahren Sie auf der I-275 nach Süden und dann auf dem Pinellas Bayway nach Westen, nach **St. Pete Beach** 4 › S. 123. Hier beginnt die Kette der Strandorte, die sich entlang des Gulf Boulevard gen Norden bis **Clearwater Beach** zieht. In **Madeira Beach** lockt John's Pass Village, ein zum Flanierviertel umgebauter Fischerhafen mit Lokalen und Läden (www.johnspass.com).

Rund 20 km nördlich von **Clearwater** 5 › S. 123 auf dem Highway Alt 19 erreicht man schließlich **Tarpon Springs**. Um 1900 bauten hier griechische Schwammtaucher ein weiß gekalktes Dorf nach ägäischem Vorbild. In den Lokalen am Hafen gibt es Retsina zu Fisch und Meeresfrüchten, Schwämme werden an den Sponge Docks am Anclote River angelandet, von den Piers am Dodecanese Boulevard legen Boote zu Rundfahrten ab, bei Spongeorama informiert ein Museum übers Schwammtauchen und werden die Naturprodukte verkauft (www.spongedocks.net).

VON ST. PETERSBURG NACH SARASOTA

> **ROUTE:** St. Petersburg › Bradenton › Sarasota › Myakka River State Park
>
> **KARTE:** Seite 116/120
> **LÄNGE:** 1 Tag/130 km
> **PRAKTISCHE HINWEISE:**
> - Ein Mietfahrzeug ist für die Fahrt unbedingt nötig.
> - Vor Ort sind im Myakka State Park Kanus für Touren zu mieten.

TOUR-START:

Von **St. Petersburg** 2 › S. 122 aus führt die Tour über die mächtige Sunshine Skyway Bridge (I-275) nach Süden bis **Bradenton** 7 › S. 124. Hier zweigen Sie über die US 41 und SR 64 nach Westen ab zu den Stränden auf beliebten Ferieninseln wie **Anna-Maria Island** 8 und **Longboat Key** 9 › S. 125 mit langen Sandstränden und vielen Resort-Hotels. Von dort geht es entlang der Strände südwärts auf der SR 789. Gut für eine Mittagspause ist der von Läden und Freiluftlokalen umsäumte St. Armand's Circle auf **Lido Key.**

Einmal in **Sarasota** 10 › S. 125 können Sie zum hohen Kunstgenuss das Ringling Museum of Art besuchen oder für einen aktiven Outdoor-Nachmittag eine Kanutour oder eine Wanderung in der Wildnis des **Myakka River State Park** 11 › S. 126 einplanen.

BOOTSTOUR CAYO COSTA UND CABBAGE KEY

ROUTE: Fort Myers › Captiva Island › Cayo Costa › Cabbage Key

KARTE: Seite 116
LÄNGE: 1 Tag
PRAKTISCHE HINWEISE:
- Geführte Touren und Fährservice bieten von Captiva Island aus **Captiva Cruises** (McCarthy's Marina, Tel. 239-472-5300, www.captiva cruises.com) oder von Pine Island aus Tropic Star (Jug Creek Marina, Tel. 239-283-0015, www.tropicstar adventures.com).

TOUR-START:
Bei **Fort Myers** 12 › S. 127 grenzen zahlreiche Barrier Islands die große Meeresbucht des Pine Island Sound vom Festland ab. Mehrere Unternehmen bieten Bootsausflüge und auch Fährservice auf diese Inseln an. Während der Fahrten sind Wasservögel, oft Delfine und manchmal auch Manatis zu beobachten. Als lohnende Ziele bieten sich an: **Cayo Costa,** eine in einem State Park geschützte unbewohnte Insel mit Muschelstränden und knapp 10 km Wanderwegen durch Strandwälder.

Cabbage Key ist eine idyllisch mit Palmen bestandene bewohnte Insel, die das Flair des alten Florida bewahrt, wie im historischen Hotel-Restaurant Cabbage Key Inn von 1938, in dem man auf der Tour zu Mittag essen kann (www.cabbage key.com, €€). **Useppa Island** mit schönen Villen und der kleine Strandort **Boca Grande** mit historischem Leuchtturm am Nordende des Sunds sind weitere Ziele.

VERKEHRSMITTEL
Die Region ist gut über Fort Myers im Süden und Tampa im Norden erreichbar. Die Autobahn I-75, auf der man schnell größere Distanzen zurücklegen kann, verläuft parallel zur Küste etwas im Inland. Schöner sind die kleineren Highways entlang der Küste, die allerdings von vielen Buchten unterbrochen ist, sodass die Fahrt hier deutlich länger dauert – auch wegen des oft dichten Verkehrs. In den Städten verkehren Busse, jedoch teils mit lückenhaftem Netz. Zum Sightseeing und Reisen entlang der Küste ist jedenfalls ein Mietfahrzeug nötig.

118 | TOUREN & SEHENSWERTES

UNTERWEGS AN DER WESTKÜSTE

TAMPA 1 G5/6

Juan Ponce de León entdeckte schon 1513 die Bucht von Tampa, doch erst 1884 begann die moderne Entwicklung, als Henry B. Plants »Atlantic Coast Railway« Tampa erreichte. Der Hafen blühte auf, und bald kamen die ersten Urlauber zu den Sonnenstränden am Westufer der Bay. In den 1920er-Jahren setzte der große Tourismusboom ein, die Region um Tampa wurde zu einem der beliebtesten Ferienziele für Amerikaner aus dem Mittelwesten. Die geschäftige Großstadt am Nordende der fast 50 km langen Tampa Bay besitzt heute den bedeutendsten Container- und Frachthafen Floridas. In der Stadt selbst leben zwar nur 390 000 Menschen, doch rund um die Bay sind es ca. 3,1 Mio.

Tampa ist eine angenehme Stadt mit hübschen Wohn- und Einkaufsvierteln wie etwa dem **Old Hyde Park Village** (Swann Ave./Dakota St.). Sehenswert in der modernen Innenstadt Tampas ist **Channelside,** ein Shopping- und Entertainmentkomplex mit Bars und Restaurants. Hier steht das hervorragende **Florida Aquarium,** das sich der Unterwasserwelt des Ferienstaates widmet. Unter einer 25 m hohen gläsernen Muschel werden die Ökosysteme der Flüsse, Sümpfe und Riffe Floridas präsentiert (701 Channelside Dr., www.flaquarium.org).

Auf der Westseite der Innenstadt blieb das alte **Tampa Bay Hotel** erhalten, das Plant 1891 erbaute. Der pompöse, maurisch anmutende Palast ist heute Sitz der University of Tampa. Im Südflügel erinnert das **Henry B. Plant Museum** mit alten Fotografien und Originalmobiliar an die glorreiche Ära der High Society (401 W. Kennedy Blvd., www.plantmuseum.com; Mo geschl.).

Einen Besuch verdient **Ybor City,** das alte Viertel der Kubaner entlang der Seventh Avenue, dessen Geschichte das **Ybor City Museum** präsentiert (Audioguide-Touren des Viertels, 1818 E. 9th Ave., www.ybormuseum.org). Hier standen einst die Zigarrenfabriken, die Tampa zur Tabakstadt Amerikas machten. Das Viertel wird nun restauriert, Restaurants und Boutiquen

---

TOUREN AN DER WESTKÜSTE

TOUR 7
AM GOLF NACH NORDEN

St. Petersburg > Clearwater Beach > Tarpon Springs

TOUR 8
VON ST. PETERSBURG NACH SARASOTA

St. Petersburg > Bradenton > Sarasota > Myakka River State Park

TOUR 9
BOOTSTOUR: CAYO COSTA UND CABBAGE KEY

Fort Myers > Captiva Island > Cayo Costa > Cabbage Key

ziehen in die alten Lagerhallen. Und abends locken Musikkneipen. Es gibt sogar eine Straßenbahn *(streetcar)* zur Innenstadt.

BUSCH GARDENS ⭐ 📖 d1

Etwas weiter nördlich liegt Tampas berühmteste Attraktion: Busch Gardens, der Vergnügungs- und Tierpark mit dem Motto Afrika. Auf der **Serengeti Plain,** die man mit der Schwebebahn umrundet, weiden Zebras und Giraffen. Nebenan leben in artgerecht gestalteten Tiergehegen bengalische Tiger, Gorillas und Elefanten. Wer auf Action aus ist, findet in der Anlage spektakuläre Achterbahnen wie »Cheetah Hunt« mit Geschwindigkeiten bis über 100 km/h. › mehr S. 13 Punkt ❾ (10165 N. McKinley Dr., Tel. 813-884-4386, www.buschgardens.com; 105 $, online vorab 80 $).

Busch Gardens angeschlossen ist der große Wasserpark **Adventure Island** mit Riesen-Rutschen; die neueste ist »Vanish Point« mit 20 m freiem Fall (günstige Kombitickets online, www.adventureisland.com).

INFO
Tampa Bay & Company
Infocenter auch in Ybor City.
• 201 N. Franklin St. | Suite 102
  Tel. 813-223-2752
  www.visittampabay.com

VERKEHR
Flughafen: Tampa International Airport, etwa 20 Min. westlich der Innenstadt nahe der I-275; www.tampaairport.com. Taxis, Limousinen und Shuttlebusse nach Tampa und zu den Strandorten.

HOTELS
Grand Hyatt Tampa Bay €€€
Opulent ausgestattetes Luxushotel am Westrand der Stadt mit herrlichem Blick über die Bucht.
• 2900 Bayport Dr. | Tel. 813-874-1234
  www.grandtampabay.hyatt.com

Baymont Inn & Suites Busch Gardens €€
Günstiges Suitehotel nahe Busch Gardens.
• 3001 University Center Dr.
  Tel. 813-971-8930
  www.baymontinntampa.com

La Quinta Inn €–€€
Angenehmes, gut ausgestattetes Motel in der Nähe von Busch Gardens.
• 3701 E. Fowler Ave.
  Tel. 813-910-7500 | www.lq.com

RESTAURANTS
Bern's Steak House €€€
Seit Jahrzehnten das Steak-Mekka der Tampa Bay, auch mit erlesener Weinkarte.
• 1208 S. Howard Ave. | Tel. 813-251-2421

Bahama Breeze €€
Karibische Küche und karibisches Flair in Rocky Point Harbor.
• 3045 N. Rocky Point Dr.
  Tel. 813-289-7922

Columbia Restaurant €€
Traditionslokal in Ybor City mit spanischer Küche. Man speist stimmungsvoll im schönen Innenhof.
• 2117 E. 7th Ave. | Tel. 813-248-4961

Cheesecake Factory €–€€
Amerikanische Kost in einer großen Shopping Plaza an der Bay Street.
• 2223 N. Westshore Blvd.
  Tel. 813-353-4200

NIGHTLIFE
Coyote Ugly
Saloon mit Country- und Rockmusik in der Kneipenmeile von Ybor City.
• 1722 E 7th Ave. | Tel. 813-241-8459

ST. PETERSBURG / CLEARWATER 🏝 G5/6

Seit vor gut 100 Jahren die nationale Ärztevereinigung St. Petersburg wegen seine Meeresklimas zum gesündesten Platz Amerikas ausrief, zählen die Erholungsorte am Westufer der Tampa Bay bis Clearwater zu den beliebtesten in Florida. Angenehme Temperaturen sind garantiert – im Schnitt soll an 361 Tagen im Jahr die Sonne scheinen.

ST. PETERSBURG 2 🏝 b3
Die Innenstadt von St. Petersburg (270 000 Einw.) erstreckt sich am Ufer der Tampa Bay. Hier befindet sich **The Pier,** der Mittelpunkt der innerstädtischen Freizeit. Der gut 700 m lange Pier mit einer kopfstehenden Pyramide am Ende befindet sich allerdings noch für mehrere Jahre im Komplettumbau (Aktuelles: www.newstpetepier.com).

Neben dem Pier präsentiert das **St. Petersburg Museum of History** der Stadtgeschichte inklusive einem Nachbau des Wasserflugzeugs, mit dem 1914 der erste Linienflug der Luftfahrtgeschichte erfolgte: 30 km von Tampa nach St. Petersburg (335 2nd Ave. N.E., www.spmoh.org). Nördlich davon kann man im **Museum of Fine Arts** eine umfassende internationale Kunstkollektion von der Antike bis zur Gegenwart sowie eine große Fotosammlung bestaunen (255 Beach Dr. N.E., www.mfastpete.org).

Weiter landeinwärts zeigen das **Morean Arts Center** mit der **Chihuly Collection** bunte Installationen des Glaskünstlers Dale Chihuly und Töpferkunst (720 Central Ave., www.moreanartscenter.org).

St. Pete's Kultur-Highlight ist aber das **Salvador Dalí Museum** ⭐ in einem Hingucker-Bau mit bauchig-fließender Glaskonstruktion am Ufer der Tampa Bay. › mehr S. 16 Punkt ㉙ Dieser beherbergt nun alle 96 Ölgemälde der weltweit größten Sammlung des Surrealisten, eine Stiftung des Industriellen-Ehepaars Albert und Eleanor Morse aus Cleveland. Frühe Grafiken sind ebenso zu bewundern wie die berühmten »tropfenden Uhren« oder Monumentalwerke wie »Die Entdeckung Amerikas durch Christoph Kolumbus« (1 Dali Blvd., thedali.org; tgl. 10–17.30, Do bis 20 Uhr, Eintritt 24 $).

DIE PINELLAS SUNCOAST
Die Strände der Region erstrecken sich bis Clearwater nach Norden auf einer rund 40 km langen Inselkette am Golf von Mexiko, kleine Strandorte wie St. Petersburg Beach, Treasure Island, Madeira Beach und Clearwater Beach gehen nahtlos ineinander über. Haupt- und Verbindungsstraße ist der Gulf Boulevard, an dem sich Ferienhotels, Apartmentanlagen und Restaurants reihen. Auf der Ostseite der Inseln säumen kleine Marinas und von

Kanälen durchzogene Wohnviertel die Boca Ciega Bay, auf der Westseite dehnen sich herrliche breite Sandstrände aus. An den Stränden im zentralen Teil der Inselkette tobt das Leben; wenn Sie etwas ruhigere Plätzchen suchen, können Sie an die Ränder ausweichen: **Pass-a-Grille Beach** und **Fort De Soto Park** 3 b4, mit seinen weißen Stränden, südlich von St. Petersburg Beach sind nie überlaufen. Strandleben und Wassersport sind hier zwar Trumpf, aber es gibt auch andere Attraktionen: etwa das denkmalgeschützte Don CeSar Beach Resort in **St. Pete Beach** 4 b3. Im Norden können Sie von **Clearwater** 5 a2 aus Bootstouren zur Delfinbeobachtung unternehmen oder per Fähre (Info: Tel. 727-734-5263) nach **Caladesi Island** 6 a1 übersetzen, einer fast 10 km langen Insel, die unter Naturschutz steht.

INFO

St. Petersburg/Clearwater Area CVB
- 100 2nd Ave. N. | St. Petersburg
- 333 S. Gulfview Blvd. | Clearwater
Tel. 727-464-7200
www.visitstpeteclearwater.com

HOTELS

The Don CeSar Beach Resort €€€
Ein herrlich kitschiger, rosafarbener Zuckerbäckerbau von 1928. F. Scott Fitzgerald wohnte schon hier, und die nostalgische Atmosphäre passt bestens zu seinem Romanklassiker »The Great Gatsby«. Gutes Restaurant, Sportmöglichkeiten am Strand.
- 3400 Gulf Blvd. | St. Petersburg Beach
Tel. 727-360-1881 | www.doncesar.com

Magnuson Marina Cove €€
Gutes Mittelklassehotel nahe des herrlichen Strands von Fort De Soto.
- 6800 Sunshine Skyway Lane
St. Petersburg | Tel. 727-867-1151
www.marinacoveresort.com

Die Pinellas Suncoast säumen herrliche Strände

DIE SCHÖNSTEN MÄRKTE

- Der **Yellow Green Farmers Market** in **Hollywood** bei Miami gilt als Floridas größter Biomarkt. In einer Halle werden an rund 300 Ständen Obst, Gemüse, Honig, Gebäck etc. feilgeboten (Sa/So 8–16 Uhr, 1940 N. 30th Rd., www.ygfarmersmarket.com).
- Trödel, Möbel, alte Colaschilder: Der Ort **Mount Dora**, 50 km nordwestlich von Orlando, ist berühmt für seine Antikmärkte. Bei **Renninger's** können Sie auf fast 50 Hektar (!) Fläche trödeln bis die Koffer voll sind (20651 US-441, www.renningers.net).
- Ein Paradies für Fans: Rund ums Jahr Fr–So breiten beim **Daytona Flea Market** rund 1000 Stände ihre Waren aus (2987 Bellevue Ave., http://daytonafleamarket.com). > mehr S. 18 Punkt ㊴
- Blechsouvenirs und Antikauto-Stories: Immer am letzten So des Monats treffen sich Südfloridas Oldtimerfreunde in **Punta Gorda** zum **Muscle Car City Flea Market** (7–13 Uhr, 10175 Tamiami Trail, http://musclecarcity.net).
- Foodstände und Livemusik sorgen beim **Saturday Morning Market** in **St. Petersburg** für ein beschwingtes Frühstück. Danach shoppt man Kunsthandwerk und Bio-Obst. (1st St./1St. Ave. S., im Hochsommer im Williams Park, www.saturdaymorningmarket.com)

Sheraton Sand Key Resort €€
Ruhiges Mittelklassehotel mit Sandstrand.
- 1160 Gulf Blvd. | Clearwater Beach
  Tel. 727-595-1611
  www.sheratonsandkey.com

Sea Chest €
Apartment-Motel direkt am Strand.
- 11780 Gulf Blvd. | Treasure Island
  Tel. 727-360-5501 | www.theseachest.com

RESTAURANTS

Cassis American Brasserie €€
Steaks, Fisch und kreative Salate, besonders schön auf der Freiluftterrasse.
- 170 Beach Dr. N.E. | St. Petersburg
- Tel. 727-827-2927

Locale Market €€
Gut gemachter Laden und Biomarkt des Sternekochs Michael Mina mit Foodtheken und Restaurant.
- 179 2nd Ave. N. | St. Petersburg
  Tel. 727-523-6300

Sloppy Joe's on the Beach €€
Fisch- und Huhn-Spezialitäten, gute Cocktails, Livemusik und schöne Strandterrasse.
- 10650 Gulf Blvd. | Treasure Island
  Tel. 727-367-1600

Gators Cafe €
Beliebtes Partylokal mit mehreren Terrassen am Hafen.
- 12754 Kingfish Dr. | Treasure Island
  Tel. 727-367-8951

BRADENTON 7 ▌G6

Die beeindruckende 18 km lange **Sunshine Skyway Bridge** verbindet St. Petersburg und Bradenton (55 000 Einw.) am Südufer der Tampa Bay. › mehr S. 17 Punkt ③¹ Einen Überblick zur Natur und Kultur der Region gibt hier das **South Florida Museum,** inklusive Manati-Aquarium und Planetarium (201 10th St. W., www.southfloridamuseum.org).

Auch bei Bradenton setzt sich die lange Kette der vorgelagerten Inseln fort: **Anna-Maria Island** ⑧ b5 und **Longboat Key** ⑨ bc5/6 liegen vor Bradenton am Golf und bieten herrliche Sandstrände und gepflegte Ferienhotels.

HOTELS

Longboat Key Club €€€
Große Ferienanlage, elegante Zimmer; ideal für Golf- und Tennisfans.
- 220 Sands Point Rd. | Longboat Key
  Tel. 941-383-8821
  www.longboatkeyclub.com

Tradewinds Resort €€–€€€
Die netten Cottages dieses Resorthotels wirken wie ein buntes Dörfchen; zum Strand sind es ein paar Schritte.
- 1603 Gulf Drive N. | Bradenton Beach
  Tel. 941-779-0010
  www.tradewindsresort.com

RESTAURANT

Mar Vista Dockside €
Unter Palmen am Hafen gibt es frische Krabben und kaltes Bier.
- 760 Broadway St. | N. Longboat Key
  Tel. 941-383-2391

SHOPPING

Ellenton Premium Outlets
Discount-Center in karibischem Stil in Ellenton, östlich von Bradenton.
- 5461 Factory Shops Blvd.
  www.premiumoutlets.com

Die imposante Sunshine Skyway Bridge

SARASOTA ⑩ G6

Die Kleinstadt (55 000 Einw.) ist mit Galerien und Theatern das Kunstmekka der Westküste. Kulturtempel wie das Asolo Center for the Performing Arts und die spektakuläre Van Wezel Hall bieten Broadway-Shows, aber auch Ballett. Übers Jahr verteilt finden mehrere Musikfeste statt, darunter ein Jazzfestival im März. Elegant präsentieren sich die Flaniermeilen der Stadt, wie etwa die Promenade des St. Armands Circle auf Lido Key.

Die Entwicklung zum kulturellen Zentrum Floridas verdankt die Stadt dem Zirkuskönig John Ringling, der 1909 erstmals nach Sarasota kam und wenig später den Wintersitz seines »Ringling Brothers

Circus« hierher verlegte. Nach der Weltwirtschaftskrise 1929 musste Ringling den Zirkus allerdings aufgeben; er starb 1936 völlig verarmt.

Doch das Erbe der Ringlings blieb: Schmuckstück der Stadt ist das **Ringling Museum of Art** ⭐, eines der besten Kunstmuseen Floridas. In dem imposanten Ausstellungsbau ist u.a. barocke Malerei zu sehen, darunter viele Werke von Rubens. Im großen Museumspark gibt es zudem ein **Zirkusmuseum,** das vor allem mit seinem hinreißenden Miniatur-Zirkusmodell jedes Kinderherz höher schlägen läßt. **Cà d'Zan,** das restaurierte Wohnhaus der Ringlings, erinnert an den Dogenpalast in Venedig (5401 Bayshore Dr., www.ringling.org; tgl. 10–17, Do bis 20 Uhr, Eintritt 25 \$).

Kultivierte Natur zeigt der knapp 6 ha große **Marie Selby Botanical Garden,** der auf Orchideen und Bromelien spezialisiert ist (811 S. Palm Ave., www.selby.org). Das **Mote Aquarium** präsentiert v.a. Fische und Meeressäuger aus Floridas Westküstengewässern, mit großem Haibecken als Highlight (1600 Ken Thompson Pkwy., www.mote.org).

INFO

Sarasota Visitors Bureau
- 1945 Fruitville Rd. | Tel. 941-706-1253
  www.visitsarasota.com

HOTELS

Inn on Siesta Key €€
Gepflegtes kleines Apartmentmotel direkt am Wasser.
- 515 Beach Rd. | Tel. 941-346-7196
  www.innonsiestakey.com

Suntide Island Beach Club €€
Kleine Apartmentanlage am Strand von Lido Key.
- 850 Ben Franklin Dr. | Tel. 941-388-2151
  www.suntideislandbeachclub.com

RESTAURANTS

The Old Salty Dog €€
Beliebtes Terrassenlokal auf Siesta Key mit guten Fisch- und Krabbengerichten.
- 5023 Ocean Blvd. | Tel. 941-349-0158

Surf Shack Coastal Kitchen €
Sehr gute Tacos und Terrasse am St. Armands Circle. Abends Livemusik.
- 326 John Ringling Blvd. | Tel. 941-960-1122

AUSFLUG: MYAKKA RIVER S.P. 11 ⭐ G6

Im flachen Hinterland etwa 40 km östlich der Stadt liegt, über SR 72 oder 780 erreichbar, am Myakka River einer der schönsten State Parks Floridas (Tel. 941-361-6511). Um den Flusslauf ziehen sich Sumpfgebiete und alte Eichenwälder. Auf *pontoon boat tours* kann man Alligatoren und Wasservögel beobachten, ein *canopy walkway* führt von einem Turm in die Baumkronen.
› mehr S. 13 Punkt 11

FORT MYERS & FORT MYERS BEACH

Rund 740 000 Menschen leben heute bereits in und um Fort Myers, dreimal so viele wie noch vor 30 Jahren. Das milde Klima, die hübschen Inseln vor der Küste und die nahen Strände sind die wichtigsten Pluspunkte der Region um die Mündung des Caloosahatchee River. Besonders im Winter ist es hier wärmer als etwa in St. Petersburg, und so ziehen immer mehr betuchte Senioren und Golfer zu. Die Villen im Vorort Cape Coral bezeugen es.

FORT MYERS 12 H7

Fort Myers hat Tradition als Winterkurort, und alljährlich im Spätherbst fallen die sogenannten *snowbirds* ein, die Winterflüchtlinge aus dem kalten Norden.

Ein Highlight der Stadt ist das **Edison Winter Home** 12, denn der legendäre Erfinder hat kein steriles Museum hinterlassen, sondern ein lebendiges Denkmal seines Schaffens. Ein Großteil seiner Erfindungen ist zu sehen, und auch das Labor des genialen Tüftlers. Umgeben ist die Lodge von einem tropischen Garten. Nebenan ist **Henry Ford's Winter Home** zu besichtigen, das Edisons Freund 1916 erwarb. Im Museum sind auch technische Leistungen des Autobauers ausgestellt (Edison & Ford Winter Estates, 2350 McGregor Blvd., www.edisonfordwinterestates.org; 30-minütige Führungen jede halbe Stunde, Mi/Fr auch in Deutsch, tgl. 9–17.30 Uhr, 25 $, Kinder 15 $).

FORT MYERS BEACH 13 H8

Während Fort Myers vor allem eine ruhige Wohnstadt ist, zieht es Besucher zu den Stränden in **Fort Myers Beach** auf Estero Island. Kilometerweit säumen hier feinsandige weiße Strände den türkisblauen Golf von Mexiko – besonders schön im Süden im **Lovers Key State Park** 14 H8, einem *barrier island* mit reicher Vogelwelt.

Dahinter reihen sich Ferienhäuser, gepflegte Apartmentanlagen, Hotels und Restaurants aneinander.

Labor eines genialen Wissenschaftlers: im Edison Winter Home in Fort Myers

INFO

Lee County VCB
- 2201 2nd St. | Suite 600 | Fort Myers
  Tel. 239-338-3500 od. 800-237-6444
  www.fortmyers-sanibel.com

VERKEHR

Flughafen: Southwest Florida International Airport, ca. 20 km südöstl.; www.flylcpa.com. Taxishuttles nach Fort Myers, Sanibel, Naples, Marco Island.

HOTELS

Outrigger Beach Resort €€
Gutes Mittelklassehotel mit Pool, Palmen und hübscher Strandbar.

- 6200 Estero Blvd.
  Fort Myers Beach
  Tel. 239-463-3131
  www.outriggerfmb.com

Pink Shell Beach Resort €€
Angenehmes Strandhotel am ruhigen Nordende von Estero Island.
- 275 Estero Blvd. | Fort Myers Beach
  Tel. 239-463-6181
  www.pinkshell.com

RESTAURANTS

Eine Auswahl an Restaurants, Cafés und Imbissständen findet man am **Times Square** von Fort Myers Beach.

 EIN GENIALER WINTERGAST

Ihn nur als begnadeten Erfinder zu bezeichnen, wäre tiefgestapelt: **Thomas Alva Edison** (1847–1931) war ein Genie. Er erhielt zeitlebens 1097 Patente für Erfindungen zugesprochen, in seinen produktivsten Jahren um 1880 meldete er im Schnitt alle zehn Tage ein neues Patent an! Zudem war er ein richtiges Allroundtalent: Er erfand nicht nur die Glühbirne, sondern auch die Säurebatterie, Grammofon und Mikrofon, die Filmkamera und den Börsenticker. Aus seinem Zement wurde der Panama-Kanal erbaut. Und sogar so alltägliche Dinge wie Wachspapier oder Klebeband gehen auf sein Erfinderkonto.

Aber wieso Fort Myers? Die langen Arbeitsnächte im zugigen Labor in New Jersey hatten Edisons Gesundheit angegriffen. Er brauchte dringend Erholung und Sonne, und so fuhr Edison auf Anraten seines Arztes im Winter 1884 nach Florida. In St. Augustine, seinem ersten Ziel, war es in jenem Jahr regnerisch und kalt, und so reiste er weiter südwärts. Das damals noch winzige Fort Myers gefiel ihm so gut, dass er Land kaufte und bis zu seinem Tod 1931 jeden Winter hier verbrachte. Sein Haus ließ er in Fertigteilen per Schiff antransportieren. Doch Edison blieb nicht tatenlos. Schon bald baute sich der rastlose Tüftler ein Labor im Garten und forschte weiter. Angeregt durch das günstige Klima, ließ er sich von Freunden aus aller Welt Samen und Stecklinge schicken und suchte nach neuen Nutzanwendungen. Mit über 6000 Pflanzenarten experimentierte er damals, und im weitläufigen Garten des Edison Home sind noch heute über 400 exotische Bäume und Büsche zu bewundern. Auch der größte und älteste Banyanbaum Floridas steht hier: Seine Luftwurzeln haben einen Umfang von 120 m.

SHOPPING
Sanibel Outlets
Günstiges Markenshopping südwestl. von Fort Myers, an der Auffahrt Sanibel Cswy.
- 20350 Summerlin Rd.
  www.sanibeloutlets.com

AKTIVITÄTEN
Kayak Excursions
Geführte Touren, auch zu Manatees und auf dem Great Calusa Blueway > S. 32 sowie Kajakverleih mit Lieferung zu vereinbarten Treffpunkten in Lee County.
- 17950 John Morris Rd. | Fort Myers
  Tel. 239-297-7011 | 1-888-925-7496
  www.kayak-excursions.com

SANIBEL 15 H8 & CAPTIVA ISLANDS 16 G7

Ideal für einige Badetage sind die vorgelagerten Inseln Sanibel und Captiva, die sicher zu den schönsten Floridas zählen. Ein breiter Damm verbindet sie mit dem Festland. Auf den Eilanden bewegt man sich zwischen Stränden, Hotels und Golfplätzen am besten per Fahrrad auf den gut ausgebauten Radwegen fort (Bike Rentals vor Ort).

Berühmt sind Sanibel und Captiva wegen der zahllosen Muscheln, die an den flachen Stränden angeschwemmt werden. Die Region führt ihren Beinamen »Shell Coast« zu Recht – rund 400 Muschelarten kann man hier finden. Besonders viele Muscheln findet man nach Stürmen am **Lighthouse Beach** an der Südspitze von **Sanibel**. Im großen, modern gestalteten **Bailey-Matthews Shell Museum** kann man Tausende der bunt gemusterten Kalkschalen bewundern. (3075 Sanibel-Captiva Rd., www.shellmuseum.org; tgl. 10–17 Uhr, 15 $; auch Muschelführungen > S 34).

Naturschutz wird auf den beiden Inseln großgeschrieben: Am **Bowman's Beach,** einem der schönsten Strände, legen wie seit Urzeiten jeden Sommer die Meeresschildkröten ihre Eier ab – streng bewacht von freiwilligen Strandpatrouillen.

Die von Mangroven überwucherte Landseite von Sanibel Island ist im **J. N. »Ding« Darling Wildlife Refuge** unter Schutz gestellt (www.fws.gov/dingdarling). Auf mehr als 2000 ha dehnt sich dort eine unberührte Wildnis mit kleinen Lagunen und Wasserläufen aus, in denen sich Alligatoren suhlen. Besonders im Winter lassen sich am 9 km langen Wildlife Drive (Fr geschl.) viele Zugvögel beobachten: Rosa Löffler, Kraniche, Störche und rund 200 weitere Vogelarten. Vom Visitor Center starten Schiffs- und Trambus-Ausflüge von Tarpon Bay Explorers, die auch Kajaks und SUP-Boards verleihen bzw. Exkursionen damit anbieten (http://tarponbayexplorers.com). > mehr S. 13 Punkt ❽

In **Captiva** lohnt sich ein Bummel durch die Andy Rosse Lane mit netten Restaurants und ihrem karibisch angehauchten Flair.

INFO
Sanibel & Captiva Visitor Center
Am Ende der Sanibel Bridge.
- 1159 Causeway Rd. | Sanibel Island
  Tel. 239-472-1080
  www.sanibel-captiva.org

HOTELS

Sanibel Inn €€€
Ruhiges kleines romantisches Hotel in schöner Gartenanlage mit großen Palmenbeständen, direkt am muschelübersäten Naturstrand.
- 937 Gulf Dr. | Sanibel Island
  Tel. 239-472-3181
  www.theinnsofsanibel.com

Sundial Beach Resort €€€
Weitläufige Ferienanlage am Strand, geräumige Zimmer und Studios, beides mit Küche. Großes Sportangebot zu Wasser und zu Land.
- 1451 Middle Gulf Dr. | Sanibel Island
  Tel. 239-472-4151
  www.sundialresort.com

Tween Waters Inn €€–€€€
Schöne traditionsreiche Ferienanlage mit Gästezimmern, Studios und Cottages, großem Pool und Tennisplatz, Spa und Fitnesscenter, Marina und Hausstrand.
- 15951 Captiva Rd. | Captiva Island
  Tel. 239-472-5161
  www.tween-waters.com

RESTAURANTS

Keylime Bistro €€
Tropisch gestyltes Fischrestaurant, abends meist Livemusik.
- 11509 Andy Ross Lane | Captiva Island
  Tel. 239-395-4000

The Bubble Room €€
Witziges Restaurant mit Spielzeugdekor, gute Steak- und Fischgerichte.
- 15001 Captiva Dr. | Captiva Island
  Tel. 239-472-5558

Lighthouse Café €
Gutes Frühstückslokal, leckere Omelettes und Pancakes.
- 362 Periwinkle Way | Sanibel Island
  Tel. 239-472-0303

NAPLES 17 H8

Die südlichste Stadt (325 000 Einw.) der Westcoast hat sich zusammen mit dem südlich vorgelagerten Marco Island 18 H8 in jüngerer Zeit zum eleganten Trendziel gemausert. Rund 90 Golfplätze gibt es

Beachvolleyball-Partie am Strand von Naples

in der Region, zum Baden locken gut 70 km Sandstrände, zum Bummeln die Shoppingstraßen **Third Street** und **Fifth Avenue**. Abends kann man am **Naples Pier** den Sonnenuntergang genießen, ehe man in den Bars und Restaurants des restaurierten Hafenviertels **Tin City** den Tag beschließt.

Vor allem mit Kinder lohnt sich ein Besuch des **Naples Zoo at Caribbean Gardens,** einem subtropischen Park mit Gehegen und Aktivitäten wie Bootstouren, Alligatorenfütterung und Schlangenshow (1590 Goodlette-Frank Rd.). Und zum Sightseeing werden in Naples Bootsfahrten durch die Jachthäfen sowie ins Labyrinth der **Ten Thousand Islands** › S. 57 angeboten.

Naples liegt zudem am Rand der Everglades. So kann man in mehreren Naturschutzgebieten ringsum die Tierwelt der Sümpfe beobachten, etwa im **Conservancy of Southwest Florida Nature Center** (1459 Smith Preserve Way, Tel. 239-262-0304, www.conservancy.org; Mo–Sa; Ausstellungen, Elektroboot-Touren) oder im **Collier-Seminole State Park** [19] H8 an der US 41 (20200 E. Tamiami Trail, Tel. 239-394-3397; Kanuvermietung).

INFO
Greater Naples VIC
- 900 5th Ave. S. | Suite 102
  Tel. 239-262-6141 | www.paradisecoast.de

HOTELS
The Ritz-Carlton Naples €€€
Luxus-Palasthotel am Sandstrand nördlich von Naples. Gute Restaurants.
- 280 Vanderbilt Beach Rd.
  Tel. 239-598-3300 | www.ritzcarlton.com

Naples Beach Hotel €€–€€€
Weitläufiges, schon älteres Strandresort mit Tennis und eigenem Golfplatz.
- 851 Gulf Shore Blvd. N.
  Tel. 239-261-2222
  www.naplesbeachhotel.com

Red Roof Inn €–€€
Preiswertes Kettenmotel nahe der Innenstadt, funktionell-moderne Zimmer.
- 1925 Davis Blvd. | Tel. 239-774-3117
  www.redroof.com

RESTAURANTS
Tommy Bahama's €€
Karibisch gestyltes Terrassenlokal in der Altstadt. Abends oft Livemusik.
- 1220 Third St. S. | Tel. 239-643-6889

Riverwalk Fish & Ale House €
Terrassenlokal in Tin City mit beliebter Bar. Hervorragende Fischgerichte.
- 1200 5th Ave. S. | Tel. 239-263-2734

AUSFLUG: CORKSCREW SWAMP [20] H8

Auch wenn die Westküste recht zersiedelt ist, es gibt noch einige Reservate, die das ursprüngliche Ökosystem der Region zeigen: Nur etwa 30 km von der Küste (Exit 111 an der I-75) liegt an der SR 846 der **Corkscrew Swamp Sanctuary.** Auf einem rund 4 km langen Weg, teils mit Holzstegen, sind hier Zypressensümpfe und offene Prärie zu erleben, samt ihrer zugehörigen Fauna (http://corkscrew.audubon.org).

DER NORDWESTEN

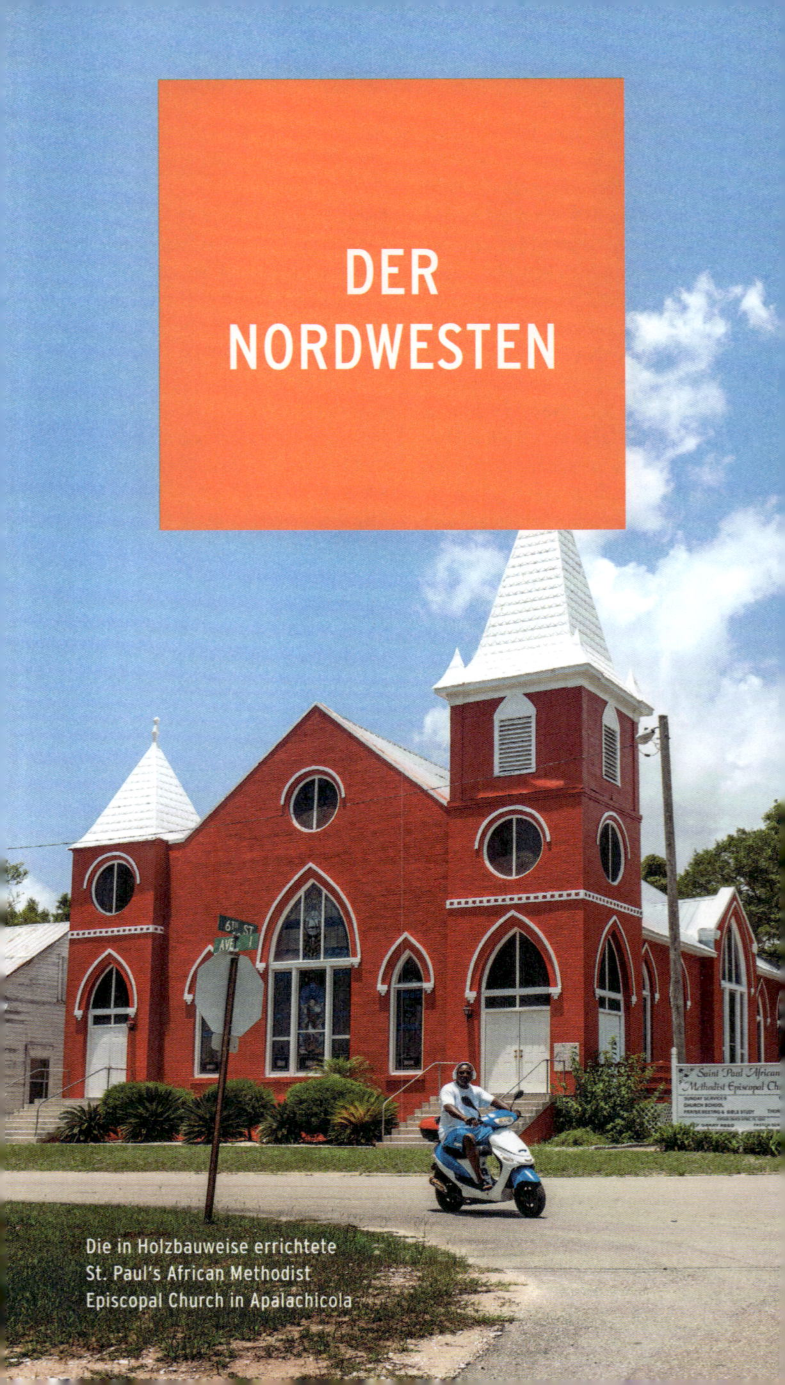

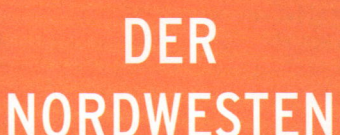

Die in Holzbauweise errichtete
St. Paul's African Methodist
Episcopal Church in Apalachicola

DER NORDWESTEN

Weiße Strände, stille Zypressen- und Kiefernwälder, kristallklare artesische Quellen, Buchten voller Austern: Floridas »Pfannenstiel« ist ein noch ruhiges Paradies – ein ideales Ziel für aktiven, naturnahen Urlaub.

In den Nordwesten Floridas verirren sich bislang noch die wenigsten Touristen aus Europa. Während im Süden die Strände wohlbekannt – und entsprechend dicht belegt – sind, führt der lang gestreckte Nordwestzipfel des Sunshine State ein relativ einsames Dasein. Es ist dort längst nicht so heiß und schwül, dafür locken der Golf von Mexiko mit herrlichen schneeweißen Sandstränden und die Wälder im Inland mit ihren einsamen Seen und Flüssen zum Kanufahren.

Die besten Reisemonate sind hier April bis Oktober. Im Winter ist das Wasser zu kalt zum Baden, und an Land kann dann die Temperatur auch mal auf 0 °C fallen. Touristischer Rummel herrscht in der Region nur im Juli und August an den Stränden von Panama City Beach, wenn die Amerikaner Ferien haben. Sonst hat man im Hinterland die Highways oft für sich alleine.

Der Nordwesten, jenes fast 500 km lange und nur 80 Meilen breite Gebiet westlich des Suwanee River, wird oft auch als »Panhandle« (Pfannenstiel) bezeichnet. Die politische Grenzziehung ließ hier einen schmalen Landstreifen entstehen, der auf der Karte wie eine Art Stiel aussieht, durch den die Halbinsel Florida mit dem Kontinent verbunden ist. Die beiden größten Städte des Panhandle sind die Hafenstadt Pensacola im äußersten Westen an der Grenze zu Alabama und Tallahassee, die Hauptstadt Floridas im Binnenland. Ansonsten gibt es nur kleinere Orte und viel Platz im Hinterland: in ausgedehnten Pinienwäldern und an den langen weißen Stränden zwischen Panama City und Pensacola, die viele als die schönsten ganz Floridas bezeichnen. Schöne Erlebnisse versprechen auch die zahlreichen Naturquellen der Region, in denen Sie Kanu fahren und baden können.

Die Nähe zu den Südstaaten wird im Panhandle besonders spürbar. Man passiert weiß gestrichene Herrenhäuser mit Erkern und Giebeln, Moosbärte baumeln von den uralten Eichen, Schaukelstühle stehen auf den Holzveranden, und die Uhren scheinen mit einem Mal langsamer zu gehen (tatsächlich gilt im Panhandle eine andere Zeitzone).

Auch die Wirtschaft der Region ist anders, traditioneller: Die Holzindustrie ist wichtig, in Apalachicola werden – wenn auch im Rückgang begriffen – Austern gezüchtet und in den kleinen Häfen in Säcken gestapelt. Es ist ein geruhsames Reiseland, und so sollten Sie eine Rundfahrt in den Panhandle auch gestalten: als gemütliche Fahrt auf den Highways durchs Hinterland.

TOUR IM NORDWESTEN

KIEFERNWÄLDER UND AUSTERNBÄNKE

ROUTE: Tallahassee > Wakulla Springs > Apalachicola > Panama City Beach > Marianna/Florida Caverns > Tallahassee

KARTE: Seite 134
LÄNGE: 4–5 Tage/480 km
PRAKTISCHE HINWEISE:
- Miet-Kfz sind die besten Transportmittel für die Tour. Dann kann man die Rundfahrt evtl. auch mit anderen Regionen Floridas kombinieren: Von Tallahassee sind es nur 4–5 Std. (400 km) bis Orlando und 3–4 Std. (320 km) bis St. Augustine am Atlantik.

TOUR-START:

Auf dem Weg nach Süden von **Tallahassee** 5 > S. 138 aus bietet sich auf der SR 363 schon nach einer halben Stunde Fahrt die erste Gelegenheit, ins Wasser zu springen: ins große Quellbecken der **Wakulla Springs** 6 > S. 139. Von hier geht es Richtung Küste und dann auf dem Highway 98/319 gen Westen. Die wenig befahrene Straße führt durch die ausgedehnten Kiefernwälder des 235 000 ha großen Apalachicola National Forest, wo Sie bei **Sopchoppy** gute Möglichkeiten zum Kanufahren finden. Die US 98 folgt der flachen Küste, vorbei an einsamen Stränden und schläfrigen Fischerorten wie **Carrabelle** und **Apalachicola** 7 > S. 139. Der flache Sund zwischen dem Festland und den vorgelagerten Inseln eignet sich zwar nicht zum Baden, dafür gedeihen hier die besten Austern. Nur ein Stück weiter gibt's auf **St. George Island** und der **St. Joseph Peninsula** bei Port St. Joe großartige, ganz einsame weiße Sandstrände.

Die Tour führt auf der US 98 immer weiter die Küste entlang nach **Panama City,** einer Hafenstadt und der drittgrößten im Nordwesten. Touristisch interessant ist aber nur **Panama City Beach** 8 > S. 140, der beliebteste Badeort des Panhandle. An den herrlichen weißen Stränden – besonders schön im St. Andrews State Park – lassen sich gut einige Tage Badeurlaub einplanen.

Auf dem Highway US 231 kommen Sie dann von Panama City durch große Waldgebiete wieder ins Binnenland und zur Autobahn I-10, die ostwärts zurück nach Tallahassee führt. Am Weg lohnt sich jedoch bei **Marianna** noch ein Abstecher zum **Florida Caverns State Park,** wo ein System von Tropfsteinhöhlen im Rahmen einer Führung besichtigt werden kann (max. 25. Pers., Info Tel. 850-482-1228). Auch Paddeltouren auf dem Chipola River, einem der besten Gewässer für Kanuten in Florida, sind möglich.

Im Panhandle findet man schneeweiße und noch ruhige Sandstrände

VERKEHRSMITTEL

Für den Nordwesten bietet sich auch ein Wohnmobil an, es gibt hier viele RV-Parks. Nur zwischen größeren Orten verkehren Greyhound-Busse. Die Tour muss keine Rundfahrt sein, Gabelflüge nach Orlando und zurück von Pensacola und Tallahassee z. B. kosten oft keinen oder wenig Aufpreis, und bei Buchung in Europa fällt für Kfz-Einwegmieten in Floridas keine Gebühr an.

UNTERWEGS IM NORDWESTEN

CRYSTAL RIVER 1 G4

Crystal River (4000 Einw.) nennt sich selbst »Manatee Capital of the World«. Rund um die Stadt hat sich ein Manati-Tourismus entwickelt, denn die Meeressäuger überwintern hier im warmen Wasser der Mündung des Crystal River › Seitenblick S. 75 (Touranbieter: www.discovercrystalriverfl.com). Naturliebhaber finden hier aber noch weitere schöne Möglichkeiten z.B. zum Paddeln, Angeln, Wandern oder Radfahren.

HOMOSASSA SPRINGS 2  G4

Eine artesische Quelle ist Mittelpunkt des 10 km südlich am Hwy. 19 gelegenen **Wildlife State Park.** In dem fast naturbelassenen Schutzgebiet kann man im kristallklaren Wasser von einer verglasten Unterwasserplattform *(fishbowl)* aus Seekühe, Schildkröten und Fische beobachten (Tel. 352-628-5343; tgl. 9–17.30, Einlass bis 16.45 Uhr).

WEEKI WACHEE SPRINGS 3 G5

Eine weitere Naturquelle ca. 60 km südlich am Hwy. 19, ist dagegen einer der ältesten Vergnügungsparks Floridas: Seit 1947 treten im Quellbecken kostümierte Nixen zum Wasserballett an – kitschig, aber höchst amüsant. › mehr S. 17 Punkt Im dazugehörigen Wasserpark **Buccaneer Bay** nebenan kann man sich auch selbst im Wasserballett versuchen.

Im Freizeitangebot finden sich außerdem ein kleiner Zoo mit Streichelgehege, Spazierwege durch subtropischen Wald sowie Bootstouren auf dem Weeki Wachee River. Oder Sie mieten sich selbst ein Kanu und paddeln gemütlich den Quellfluss entlang (weekiwachee.com; tgl. 9 bis 17.30 Uhr).

CEDAR KEY 4 F4

Der alte Hafenort (700 Einw.) auf einer vorgelagerten Insel im Golf lohnt den Abstecher auf dem High-

TOUR IM NORDWESTEN

TOUR 10

KIEFERNWÄLDER UND AUSTERNBÄNKE

Tallahassse › Wakulla Springs › Apalachicola › Panama City Beach › Marianna/Florida Caverns › Tallahassee

way 24. Früher wurde hier Holz verladen, heute bietet die Stadt das Bild nostalgischer Verträumtheit – ein ideales Plätzchen, um in einem der Restaurants im Ort oder am großen hölzernen Pier hervorragend Fisch zu essen.

HOTEL
Island Hotel €€
Historisches denkmalgeschütztes B&B-Inn mit stilvoller Einrichtung. Das sehr gute Restaurant serviert kreative Florida-Küche.
• 373 2nd St. | Tel. 352-543-5111
www.islandhotel-cedarkey.com

RESTAURANTS
Tony's Seafood €€
Fischlokal in der historischen Altstadt, sehr gut ist der Clam Chowder.
• 597 2nd St. | Tel. 352-543-9143

Annie's Cafe €
Fischspezialitäten, auch geräuchert, in rustikalem Ambiente. ▸ mehr S. 15 Punkt ❷⓿
• SR 24 6th St. | Tel. 352-543-6141

Big Deck Raw Bar €
Luftiges bodenständiges Fischlokal am Hafen. Am Wochenende meist Livemusik.
• 310 Dock St. | Tel. 352-543-9992

TALLAHASSEE 5 E2

Mit 380 000 Einwohnern ist das politische Zentrum Floridas nur eine kleinere Stadt, doch eine sehr charmante. Vieles in Tallahassee erinnert an die nahen Südstaaten: die gemächliche Atmosphäre der Innenstadt mit ihren vielen Restaurants und Cafés, die alten Holzvillen in hübschen Gärten und die von Spanischem Moos überwucherten Eichenalleen, die *canopy roads*.

Der Streit, ob denn das verschlafene Tallahassee eine würdige Hauptstadt für den trendigen Sunshine State sei, ist so alt wie die 1823 gegründete Stadt selbst. Viele meinen, Miami oder vielleicht Orlando im geografischen Mittelpunkt des Staates seien viel besser geeignet. Dort sei die wirtschaftliche Macht, also gehöre auch die politische dorthin. Die Parlamentarier allerdings scheinen sich wohlzufühlen im hohen Norden, wo sie abseits der Großstadthektik regieren können.

Zentrales Bauwerk der Stadt ist das 1845 fertiggestellte **Old Capitol**, ein prächtiger weißer Kuppelbau, in dem heute ein Museum Floridas Geschichte illustriert (Monroe St./Apalachee Pkwy., www.flhistoriccapitol.gov; Mo–Fr 9–16.30, Sa ab 10, So ab 12 Uhr, Eintritt frei).

Das alte wird überragt vom neuen **State Capitol** aus dem Jahr 1978, einem 22-stöckigen Büroturm, von dessen Aussichtsplattform in der obersten Etage man einen herrlichen Blick über die Hauptstadt genießt.

Noch mehr Geschichte wartet im **Museum of Florida History**, in dem u.a. vom spanischen Konquistador Hernando de Soto erzählt wird, der 1539 als erster Weißer in die Region kam (500 S. Bronough St., www.museumoffloridahistory.com; Mo–Fr 9–16.30, Sa ab 10, So

Im Schatten des State Capitol steht das kuppelgekrönte alte Kapitol in Tallahassee

ab 12 Uhr, Eintritt frei)). Die besondere Attraktion im **Tallahassee Museum** ist neben vielen Outdoor-Ausstellungen wie einer Farm von 1880 für Kids ein Hochseilgarten mit Ziplining (3945 Museum Dr.).

Noch weiter zurück in die Geschichte führt ein Besuch der **Mission San Luis:** In einem schattigen Park wurde hier auf authentischen Fundamenten ein indianisch-spanisches Dorf aus dem 16. Jh. nachgebaut (2100 W. Tennessee St., www.missionsanluis.org; Mo geschl.).

INFO
Tallahassee Visitors Bureau
- 106 E. Jefferson St. | Tel. 850-606-2305
  www.visittallahassee.com

HOTELS
Governor's Inn €€
Elegantes Hotel in einem ehemaligen Lagerhaus in bester Innenstadtlage.
- 209 S. Adams St. | Tel. 850-681-6855
  www.govinntallahassee.com/

Little English Guesthouse €€
Stilvolle Frühstückspension am Nordrand der Stadt.
- 737 Timberlane Rd.. | Tel. 850-907-9777
  www.littleenglishguesthouse.com

RESTAURANTS
Cabo's Island Grill & Bar €
Bunt dekoriertes mexikanisches Lokal im Osten der Stadt.
- 1221 Apalachee Pkwy.. | Tel. 850-878-7707

Mission BBQ €
Amerika pur: Klassisches Barbecue-Rauchfleisch, ringsum Militärdekor.
- 216 S. Magnolia Dr. | Tel. 850-702-3513

AUSFLÜGE VON TALLAHASSEE

SÜDSTAATENVILLEN
Lohnend ist ein Ausflug zu den herrlich restaurierten Südstaatenvillen und Gärten am Nordende der Hauptstadt, etwa zu den **Alfred B. Maclay State Gardens** am Highway 319 (Tel. 850-487-4556), oder zur nostalgischen **Pebble Hill Plantation** bei Thomasville im angrenzenden Staat Georgia (Tel. 229-226-2344, www.pebblehill.com).

WAKULLA SPRINGS 6 ⭐ E2
Kaum 20 km südlich von Tallahassee liegt tief in den Wäldern des **Edward Ball Wakulla Springs State Park** die wasserreichste Quelle Floridas: Aus 56 m Tiefe sprudeln täglich rund 2 Mrd. Liter kristallklares Wasser, in einem ausgewiesenen Areal kann man darin baden. Trotz regen Andrangs im Sommer ist Wakulla Springs noch ein idyllisches Fleckchen, das man auf Trails oder Bootstouren erkunden kann (Tel. 850-561-7286). › mehr S. 13 Punkt ⑫

HOTEL
The Lodge at Wakulla Springs €€
Historisches Hotel mit morbidem Charme mitten im Urwald.
- 550 Wakulla Park Dr. | Tel. 855-632-4559
  www.thelodgeatwakullasprings.com

APALACHICOLA 7 D3

In der weiten Bucht vor dem Hafenstädtchen (2600 Einw.) wurden über Jahrzehnte Austern angebaut

– bis zu 80 % aller *oysters* Floridas. Ein Dammbau im Hinterland hat in jüngerer Zeit die Bucht versalzen lassen, sodass heute fast nur Austern für den lokalen Bedarf geerntet werden. Genießen kann man sie in einer der *oyster bars* am Highway.

In der Stadt ist das kleine **John Gorrie State Museum** dem Erfinder der Klimaanlage gewidmet. Dr. Gorrie ersann Mitte des 19. Jhs. eine Maschine zur Luftkühlung für seine Patienten – eine Entwicklung, ohne die die Besiedlung Südfloridas um einiges beschwerlicher gewesen wäre (6th St./Ave. D; Di/Mi geschl.).

INFO

Apalachicola Bay Visitor Center
- 122 Commerce St. | Tel. 850-653-9414
  www.apalachicolabay.org

HOTEL

The Gibson Inn €€€
Nostalgisches viktorianisches Holzhaus aus dem 19. Jh. mit 30 liebevoll restaurierten Zimmern und Feinschmecker-Restaurant.
- 51 Ave. C | Tel. 850-653-2191
  www.gibsoninn.com

RESTAURANTS

Caroline's €€
Ausgezeichnetes Fischrestaurant am Hafen, mit Buchtblick. In der »Boss Oyster Bar« im Untergeschoss kann man sich auch nur eine Tüte frittierte Austern holen.
> mehr S. 14 Punkt ⓮
- 123 Water St. | Tel. 850-653-8139

Up the Creek Raw Bar €
Austern in allen Variationen, dazu eine Terrasse am Wasser.
- 313 Water St. | Tel. 850-653-2525

PANAMA CITY BEACH
8 ▮ C2

Mit ihren schneeweißen Stränden ist die Strandstadt vor Panama City (200 000 Einw.) der beliebteste Urlaubsort Nordfloridas. Hier leben zwar nur 7500 Menschen, in der Hochsaison steigt diese Zahl leicht auf das Zehnfache. Um Ostern erlebt die Stadt den *Spring Break*, das berüchtigte Studentenfest > S. 108.

Zentrum des Amüsiertreibens ist das Viertel zwischen Front Beach Road und Hutchison Drive mit Restaurants, Minigolfplätzen, Cafés, Bars und Klubs und dem großen Wasser-Vergnügungspark **Shipwreck Island** (12201 Hutchison Blvd.). Hier tummeln sich die überwiegend aus den nahen Südstaaten kommenden Sommerurlauber am Strand und in den zahlreichen Partylokalen. Etwas weiter nordwestlich widmet sich das **Museum of Man in the Sea**, der Geschichte des Tauchens (17314 Panama City Beach Pkwy.), der **Pier Park** dem Shopping und Entertainment.

Doch Panama City Beach bietet nicht nur Fun und Action: So kann man in der **St. Andrews State Recreation Area** die weißen Dünen in Ruhe erleben und genussvoll am Strand wandern, baden und schnorcheln. > mehr S. 17 Punkt ㉝

INFO

Panama City Beach Visitors Bureau
- 17001 Panama City Beach Pkwy.
  Tel. 850-233-5070
  www.visitpanamacitybeach.com

HOTELS
Sheraton Bay Point Resort €€€
Großes, luxuriöses Ferienhotel mit Spa, Privatstrand und zwei Golfplätzen.
- 4114 Jan Cooley Dr. | Tel. 850-236-6000
  www.sheratonbaypoint.com

Sunset Inn €
Familienfreundliches Motel, etwas abseits vom Rummel direkt am Strand gelegen.
- 8109 Surf Dr. | Tel. 850-234-7370
  www.sunsetinnfl.com

Counts-Oakes Rentals
Die Agentur vermittelt Ferienhäuser und -apartments.
- 2100 Thomas Dr. | 850-636-6700
  www.corpfla.com/panama-city-beach

RESTAURANTS
The Grand Marlin €€
Frischer Fisch, coole Musik und eiskalte Margaritas in schöner Lage am Jachthafen.
- 5323 N. Lagoon Dr. | Tel. 850-249-1500

Boar's Head €–€€
Die gemütliche Taverne serviert Steaks und Seafood in großen Portionen zu recht zivilen Preisen.
- 17290 Front Beach Rd.
  Tel. 850-234-6628

NIGHTLIFE
Spinnaker Club
Riesiger Beachclub der jungen Urlauberszene mit Strandvolleyball, lauter Musik – auch live – und Party ohne Ende.
- 8795 Thomas Dr. | Tel. 850-234-7892
  www.spinnakerbeachclub.com

AUSFLUG: SHELL ISLAND 9 C2

Die unbesiedelte, gut 10 km lange Insel vor der Bucht von Panama City lockt mit herrlichen Stränden und einem verblüffenden Robinson-Feeling im Vergleich zum Rummel im Ort. Fährboote verkeh-

Abendstimmung am Strand von Panama City Beach

GRATIS ENTDECKEN

- Einen spannenden Einblick in die moderne Kunstszene von **Miami** bietet jeden zweiten Samstag im Monat der **Wynwood Art Walk:** Ab 18 Uhr öffnen die Galerien um die 23rd Street und 2nd Avenue ihre Türen zum Art Event (Infos unter http://wynwoodmiami.com).
- Nicht alles in **Orlando** kostet Geld: An Erlebnis- und Nightlifemeilen wie **Disney's BoardWalk, Downtown Disney** oder dem **Universal CityWalk** treten Straßenkünstler auf, man bummelt vor bunter Kulisse. > S. 97
- Schwimmen und Sonnenbaden an einem der schönsten, sogar prämierten Strände Floridas ist kostenlos. Im **Fort De Soto Park** bei **St. Petersburg** sind sogar die naturkundlichen Führungen an Wochenenden gratis. Nur das Parken kostet 5 $, per Fahrrad kommt man gratis rein. > S. 123
- In **Tallahasse** können Sie sich im **Historic Capitol Museum** und im **Museum of Florida History** gratis auf eine Zeitreise in die Geschichte des Sunshine State begeben (Spende willkommen). > S. 138
- Für die **Florida State Trails** können Sie sich den **»Pocketranger«** aufs Mobiltelefon oder Tablet laden – ein ideales Werkzeug für die Planung von Rad- und Wandertouren. Die App ist kostenlos, die Nutzung der Trails auch (www.pocketranger.com).

---

ren vom **St. Andrews State Park,** zu dem Shell Island gehört, halbstündlich über den Sund zur Insel. Bringen Sie sich für einen Tagesausflug eine kleine Kühlbox und Picknick-Lunch mit. Bei Shell Island Boat Rentals & Tours können Sie Touren zu den Delfinen und zum Schwimmen mit ihnen buchen oder auch ein Boot für eigene Ausflüge chartern (3601 Thomas Dr., Treasure Island Marina, Tel. 850-234-7245, www.shellislandtours.com).

SEASIDE C2

Das hübsche, mehrfach mit Architekturpreisen bedachte Feriendorf in sanften Pastelltönen ist auch bekannt als Drehort des Films »The Truman Show« (1998). Es liegt an dem **South Walton Beaches** genannten schönen Strandabschnitt (www.visitsouthwalton.com).

Von hier lohnt ein Abstecher auf der SR 395 5 km nach Norden: Bei Point Washington kommt man zum **Eden Gardens State Park,** einer üppige Gartenanlage mit altem Herrenhaus und herrlichen Eichen.

FORT WALTON BEACH
11 B2

Hiesige Hauptattraktion sind die Puderzuckerstrände der Emerald Coast um Fort Walton Beach (www.emeraldcoastfl.com). In der Kleinstadt am Ufer der Choctawhatchee Bay verdient aber das **Indian Temple Mound Museum** einen Stopp, das die indianische Geschichte und

Kultur der Region veranschaulicht (139 Miracle Strip Pkwy., www.trailoffloridasindianheritage.org).

Nördlich der Stadt liegt an der SR 85 die **Eglin Air Force Base,** eine der größten Luftwaffenbasen der USA. In deren Armament Museum sind Flugzeuge und anderes Kriegsgerät ausgestellt.

PENSACOLA  B1/2

Das von den Spaniern 1759 gegründete Pensacola (480 000 Einw.) gilt nach St. Augustine als die zweitälteste Stadt der USA. Zentrum ist der denkmalgeschützte **Seville Historic District,** in dem viele schön restaurierte Häuser aus dem 19. Jh. erhalten sind. Rund ein Dutzend davon sind im **Historic Pensacola Village** um die Tarragona und Zaragoza Streets zu besichtigen, Ausstellungen zeigen die wechselvolle Stadtgeschichte unter den Spanier, Franzosen, Engländer und Konföderierten. Die alten Häuser entlang der Government Street verwandeln sich abends in das Seville Quarter, die beliebteste Kneipenmeile der Stadt.

Die Konföderierten hatten sich im Bürgerkrieg in **Fort Barrancas** eingenistet, das man heute auf dem Gelände der US Naval Air Station besuchen kann (Route 173; Ausstellungen, Führungen). Sehenswert v.a. für kleine und große Jungs ist das **National Museum of Naval Aviation** des Marinestützpunkt mit über 150 Flugzeugen, Schlachtenpanoramen etc. (1750 Radford Blvd., www.navalaviationmuseum.org; Eintritt frei).

INFO
Pensacola Bay Area Visitors Bureau
- 1401 E. Gregory St. | Tel. 800-874-1234
  www.visitpensacola.com

HOTEL
New World Inn €€
Kleines Hotel in der City mit hübschem Innenhof und gutem Restaurant.
- 600 S. Palafox St. | Tel. 850-432-4111
  www.skopelosatnewworld.com

RESTAURANTS
Flounders Chowder House €€
Gutes Fischlokal direkt am Hafen, abends Livemusik.
- 800 Quietwater Beach Rd.
  Pensacola Beach | Tel. 850-932-2003

Atlas Oyster House €–€€
Austern in allen Variationen, dazu frischer Fisch, Krabben, Sushi und Hafenblick.
- 600 S. Barracks St. | Tel. 850-470-0003

AUSFLUG: GULF ISLANDS NATIONAL SEASHORE A/B2

Große Teile der Pensacola vorgelagerten *barrier islands* stehen unter Naturschutz und bewahren kulturelles Erbe (www.nps.gov/guis). Auf **Santa Rosa Island** etwa warten weite, oft fast menschenleere Strände. Am äußeren Westende der Insel steht das restaurierte **Fort Pickens,** eine sternförmige Befestigungsanlage von 1829, die – mit dem am Festland gegenüberstehenden Fort Barrancas – im amerikanischen Bürgerkrieg die Hafeneinfahrt von Pensacola bewachte.

EXTRA-TOUREN

Typisches Conch House in der Altstadt von Key West

DIE HIGHLIGHTS: ZWEI WOCHEN DURCH FLORIDA

ROUTE: Miami > Key West > Fort Lauderdale > Palm Beach > Cape Canaveral > Orlando > St. Petersburg > Sarasota > Fort Myers > Sanibel Island > Naples > Everglades N.P. > Miami

KARTE: Klappe hinten
DISTANZEN: Ca. 1600 km. **Miami > Key West** 260 km; **Key West > Fort Lauderdale** 300 km; **Fort Lauderdale > Palm Beach** 80 km; **Palm Beach > Cape Canaveral** 250 km; **Cape Canaveral > Orlando** 90 km; **Orlando > St Petersburg** 170 km; **St. Petersburg > Fort Myers** 180 km; **Fort Myers > Miami** 250 km
VERKEHRSMITTEL: Die Tour ist als Individualreise mit Mietwagen oder -wohnmobil angelegt. Greyhound-Busse befahren die Strecke zwischen den Orten entlang der Atlantikküste und von Orlando nach Naples – allerdings ohne Sightseeing-Stopps.

Die Fahrt von **Miami** > S. 63 auf die Keys können Sie am Anfang oder Ende der Rundfahrt unternehmen – ein großartiges Erlebnis ist die Strecke auf dem **Overseas Highway US1** > S. 56 von Insel zu Insel auf jeden Fall. **Key Largo** > S. 73 ist noch fast wie Festland, auf **Grassy Key** > S. 76 fühlt man sich schon mitten im Meer, und in **Key West** > S. 77 ist Florida so karibisch bunt wie nirgends sonst. Lassen Sie sich unterwegs Zeit für eine Bootstour und eines der vielen legeren Hafenlokale, wie etwa in **Marathon** bei Porky's > S. 77. Am Rückweg lohnt sich bei **Homestead** noch ein Abstecher in den **Everglades National Park** > S. 72. Schon auf den Trails bei Royal Palm nahe dem Eingang gibt es Alligatoren und Wasservögel zu sehen.

Von **Miami** > S. 63 aus geht es dann weiter entlang der Küste, zunächst durch ein Städteband, nach Norden. Kolonnen von Strandhotels säumen die A1A, dazwischen immer wieder kleine Zentren. Über **Fort Lauderdale** > S. 98, wo Sie eine Tour per Wassertaxi unternehmen können, führt die Route auf der A1A weiter Richtung Norden, vorbei an breiten Sandstränden über **Boca Raton** > S. 101 nach **Palm Beach** > S. 101, der mondänen Strandstadt an der Gold Coast. Für die weitere Strecke können Sie nun gut auch ein Stück weit die Autobahn I-95 nehmen, die A1A folgt der Küste durch kleine, deutlich ruhigere Strandorte wie **Jupiter** oder **Vero Beach** > S. 104.

In **Melbourne** spürt man bereits die Nähe zu Cape Canaveral. Die 70 000 Einwohner der Stadt leben, wie auch die Menschen in **Cocoa Beach** > S. 105, vielfach vom benachbarten Weltraumbahnhof **Cape Canaveral** > S. 105.

Nach der Besichtigung des Kennedy Space Center mit seinen Raumfahrtgeräten ist es dann nur noch eine Stunde Fahrt zu den bunten Themenparks von **Orlando** › S. 88. Zwei bis drei Tage sollten Sie mindestens einplanen.

Dann geht es auf der I-4 durch die weite Seenplatte Zentralfloridas nach Südwesten. Erdbeer- und Gemüsefarmen säumen den Weg, und natürlich Zitrusplantagen. In **Tampa** › S. 119 verdient das kubanische Viertel Ybor City einen Bummel, dann geht es hinaus zu den Stränden von **St. Petersburg** › S. 122, die zu Floridas schönsten Gestaden zählen. Die gewaltige, 6,4 km lange Sunshine-Skyway-Brücke bringt Sie von St. Petersburg über die Tampa Bay nach **Bradenton** › S. 124 und auf der SR 789 nach **Sarasota** › S. 125, wo der St. Armands Circle zum Shoppen und Einkehren einlädt.

Die nächsten 100 km nach Süden führt die I-75 durch eine relativ wenig erschlossene Region mit Sümpfen und Plantagen im Binnenland und ruhigen Orten an der von schönen Stränden gesäumten Küste, wie **Boca Grande** auf Gasparilla Island, mit alten Villen, hübschen Cafés und vielen Radwegen. Autofans zieht es im nahen **Punta Gorda** zu Muscle Car City, einem Museum v.a. mit PS-Boliden aus den 1960er/70er-Jahren (10175 Tamiami Trail, www.musclecarcity.net). Nächster Stopp ist **Fort Myers** › S. 127, das mit seinen vorgelagerten Inseln **Sanibel** und **Captiva** › S. 129 und herrlichen Muschelstränden mindestens einen Tag Aufenthalt verdient. Die letzte Chance für ein Bad im Golf von Mexiko bietet sich in **Naples** › S. 130.

Hier wendet sich die Route auf dem **Tamiami Trail** (US 41) nach Osten und durchquert die gewaltigen Sumpfgebiete an der Südspitze Floridas. Erst geht es durch die **Big Cypress National Preserve** › S. 59, eines der letzten Rückzugsgebiete des vom Aussterben bedrohten Florida-Panthers, dann weiter entlang der Nordgrenze des **Everglades National Park** › S. 72 zurück nach **Miami**.

Die Everglades beheimaten eine artenreiche Vogelwelt, hier ein Schmuckreiher

DIE OSTKÜSTE: VON MIAMI IN EINER WOCHE NACH ORLANDO

> **ROUTE:** Miami > Fort Lauderdale > Palm Beach > Cape Canaveral > Daytona Beach > St. Augustine > Ocala > Orlando

> **KARTE:** Klappe hinten
> **DISTANZEN:** Ca. 800 km. **Miami > Palm Beach** 110 km; **Palm Beach > Cape Canaveral** 250 km; **Cape Canaveral > St. Augustine** 180 km; **St. Augustine > Orlando** 260 km
> **VERKEHRSMITTEL:** Die Tour ist als Reise mit Mietwagen oder -camper angelegt. Greyhound-Busse bedienen die Strecke entlang der Atlantikküste und nach Orlando. Die Tour kann man gut mit einem Gabelflug bzw. einer Zugfahrt Miami/Orlando kombinieren. Für Miet-Kfz fallen bei Buchung in Europa keine Rückführgebühren an.

Von **Miami** > S. 63 über **Fort Lauderdale** > S. 98 bis **Cape Canaveral** > S. 105 folgt die Tour der Strecke entsprechend Tour 11. Man kann sich aber etwas mehr Zeit lassen und zum Beispiel einen Tag entlang der Strände nördlich von **Palm Beach** > S. 101 auf der A1A fahren. Die Straße schlängelt sich um Buchten mit weißen Sandstränden, und immer wieder verläuft sie auf lang gestreckten vorgelagerten Inseln wie das auf der A1A über **Jensen Beach** erreichbare **Hutchinson Island.** Hier legen im Juni/Juli rund 6000 Meeresschildkröten ihre Eier ab. Zur Laichzeit werden abends Führungen an den Stränden angeboten (Anm. Tel. 1-800-344-8443, www.visitstlucie.com). Die Gestade der Insel sind besonders ruhig, weil hier zwei Atomkraftwerke stehen, in der deren Umfeld nicht gebaut werden darf.

Etwas nördlich in **Fort Pierce** zeigt das Navy Seal Museum die Geschichte der US-Kampfschwimmer (3300 N. A1A). Friedlicher geht es im nahen Manatee Center (480 N. Indian River Dr.) zu, wo häufig Seekühe zu beobachten sind, und auf **Jack Island,** einem insularen Naturschutzgebiet mit seltenen Wasservögeln in der **Fort Pierce Inlet State Recreation Area.**

Nach dem Besuch von **Cape Canaveral** > S. 105 führt die Route auf dem Highway 1 nordwärts bis **Daytona Beach** > S. 108. Von hier lohnt es sich dann wieder, auf der landschaftlich reizvollen Küstenstraße, dem Highway A1A, am Meer entlangzufahren, vorbei an kleinen Badeorten wie **Ormond Beach** oder **Flagler Beach**, wo sich für eine Lunchpause das High Tides at Snack Jack anbietet – ein klassischer Treff für Surfer und Strandläufer (2805 S. Oceanshore Blvd., Tel. 386-439-3344, €).

Der nächste Stopp und zugleich nördlichste Punkt der Tour ist Amerikas älteste Stadt, **St. Augustine** > S. 110. Hier lohnt sich eine Besichtigung der Festung und der hispanischen Altstadt.

Von St. Augustine geht es im Binnenland über die SR 207 nach Palatka und weiter auf der US 19 in den **Ocala National Forest** > S. 98. Tief in den weiten Kiefernwäldern liegen hier mehrere große artesische Quellen wie etwa die **Salt Springs** – schön für eine Badepause. Über **Ocala** > S. 85 mit dem Natur-Themenpark **Silver Springs** (www.silversprings.com) führt die Route dann weiter auf der US 27 durch die Seenplatten Zentralfloridas nach **Orlando**.

IM NORDWESTEN: EINE WOCHE STRÄNDE UND SÜDSTAATENFLAIR

> ROUTE: Orlando > Tampa > Crystal River > Tallahassee > Apalachicola > Panama City Beach > Pensacola

> KARTE: Klappe hinten
> DISTANZEN: Ca. 1000 km. **Orlando** > **Tallahassee** 600 km; **Tallahassee** > **Panama City Beach** 250 km; **Panama City Beach** > **Pensacola** 150 km
> VERKEHRSMITTEL: Die Tour ist als Fahrt mit Mietwagen oder -wohnmobil angelegt. Greyhound-Busse befahren nur Teile der Strecken.

Von **Orlando** > S. 88 führt die Tour zunächst durch weites Plantagenland westwärts bis **Tampa** > S. 119 und **Clearwater** > S. 123. Hier kann man an den weiten Stränden des Golfs von Mexiko eventuell schon den ersten Badestopp einlegen. Am Highway 19 endet schon bald der dicht bebaute Dunstkreis der Tampa Bay, und die Straße taucht in große Kiefernwälder ein. Hier gibt es keine Strände mehr, die Golfküste ist stark versumpft, und im Hinterland liegen große artesische Quellen wie **Weeki Wachee** > S. 136, **Homosassa Springs** und **Crystal River** > S. 1135, wo sich im gleichnamigen Wildlife Refuge im Winter oft die seltenen Seekühe tummeln > **Seitenblick** S. 75.

Durch dichte Waldgebiete verläuft der Highway 19 weiter nordwärts, bis der Highway 24 die Möglichkeit zu einem Abstecher an die Küste und zum historischen Holzhafen **Cedar Key** > S. 136 bietet. Am viel besungenen Suwannee River, wo Sie wenig später im **Manatee Springs State Park** gute Gelegenheit für eine Kanutour finden (Vermietung und Abholung, zu

Pensacola Beach an den langen Gestaden von Santa Rosa Island

buchen bei Anderson's Outdoor Adventures, Tel. 352-507-0059, www.andersonsoutdooradventures.com), beginnt geografisch gesehen der Nordwesten Floridas. »Panhandle« wird die Region auch genannt, weil die Halbinsel Florida an diesem Landstreifen an der Grenze zu Alabama und Georgia wie an einem Pfannenstiel am Kontinent hängt. Durch Zypressenwälder und sattgrüne Sumpflandschaften führt die Route nun weiter bis zur Hauptstadt Floridas, **Tallahassee** › S. 138, wo man im Old Capitol und im Museum of Florida History in die Geschichte des Sunshine State eintauchen kann.

Unbedingt sehenswert ist auf dem Rückweg zur Küste die große Naturquelle von **Wakulla Springs** › S. 139 in einem verwunschenen Urwald. Der Highway 98 folgt der Bucht von **Apalachicola** › S. 139, bekannt für ihre Austernzuchten. Für Strandfans hat die Region aber noch mehr zu bieten: Auf **St. George Island** und der ruhigen **St. Joseph Peninsula** › S. 134 vor der Bucht beginnen die berühmten schneeweißen Sandstrände des Panhandle.

Rummeliger wird es am Strand in **Panama City Beach** › S. 140, wo der Highway 98 seinen langen Lauf direkt entlang der weißen Strände nach Westen beginnt. Bei **Seaside** › S. 142, einem hübschen, mit vielen Architekturpreisen bedachten Feriendorf in sanften Pastelltönen, lohnt sich ein Abstecher ins Hinterland: Nach 5 km auf der SR 395 erreicht man bei Point Washington den **Eden Gardens State Park** › S. 142, eine üppige Gartenanlage mit altem Herrenhaus und herrlichen Eichen. Über **Fort Walton Beach** › S. 142 führt der Highway 98 weiter bis **Pensacola** › S. 142 am äußersten Westende Floridas.

Von hier kann man entweder über Mobile/Alabama, weiterfahren ins 340 km entfernte New Orleans (vgl. Polyglott on tour »USA – Der Osten«), oder man kehrt über die I-10 nach Osten zurück.

INFOS VON A–Z

ÄRZTLICHE VERSORGUNG
Die medizinische Versorgung in den USA ist ausgezeichnet, aber teuer. Da die gesetzlichen Krankenkassen Kosten in den USA nicht erstatten, ist der Abschluss einer Reisekrankenversicherung sehr ratsam. Leistungen von Ärzten und Krankenhäusern müssen meist sofort bezahlt werden (bar oder Kreditkarte).

Apotheken *(pharmacy)* sind in den Geschäftsstraßen der Innenstädte zu finden, in Vororten meist innerhalb der »Drugstores« in den Shopping Malls. Für ständig benötigte Medikamente ist es sinnvoll, für den Arzt vor Ort eine Rezeptkopie mitzubringen.

ALKOHOL
Teils recht strenge *liquor laws* regeln den Ausschank und Verkauf von Alkohol. > mehr S. 19 Punkt ❹❸ So ist es strafbar, Alkohol im Auto zu trinken, offene Flaschen müssen in den Kofferraum. Grundsätzlich dürfen in Florida alkoholische Getränke (auch Bier) nur an Erwachsene über 21 Jahre verkauft werden, eine Ausweiskontrolle ist in den Bars durchaus üblich. Bier und Wein gibt es in Lebensmittelläden, härtere Sachen werden nur in speziellen *liquor stores* verkauft. Nur Restaurants mit Lizenz *(license)* servieren Bier und Wein.

BARRIEREFREIES REISEN
Die USA ist ein sehr behindertenfreundliches Reiseland. Überall gibt es Aufzüge, Rampen für Rollstuhlfahrer, besondere Parkplätze *(handicapped parking)* und in sämtlichen öffentlichen Gebäuden, Museen etc. behindertengerechte Toiletten. Bei allen größeren Mietwagenfirmen (z.B. Alamo, Avis, Hertz) kann man auf Anfrage einen Leihwagen mit Handbetrieb reservieren. Nahezu jedes Ferienhotel und auch die größeren Motels besitzen zumindest einige behindertengerechte Zimmer.

DIPLOMATISCHE VERTRETUNGEN
Botschaften der USA befinden sich in Berlin, Wien und Bern (Adressen aller Auslandsvertretungen der USA unter www.usembassy.gov). Die Botschaften Deutschlands, Österreichs und der Schweiz haben alle Sitz in Washington D.C. Bei Passverlust und anderen Notfällen in Florida wendet man sich am besten an folgende Adressen:
- **Deutsches Generalkonsulat,**
  100 N. Biscayne Blvd., Suite 2200,
  Miami, FL 33132, Tel. 305-358-0290,
  Fax 358-0307, www.miami.diplo.de
- **Österreichisches Konsulat,**
  2445 Hollywood Blvd., Hollywood,
  FL 33020, Tel. 954-925-1100,
  Fax 925-1101,
  www.austrianconsulatemiami.com
- **Schweizerisches Generalkonsulat,**
  1349 W. Peachtree St. N.W.,
  2 Midtown Plaza, Suite 1000,
  Atlanta, GA 30309,
  Tel. 404-870-2000, Fax 870 2011,
  www.eda.admin.ch/atlanta

EINREISE
Deutsche, Österreicher und Schweizer benötigen kein Visum, wenn ihr Aufenthalt nicht 90 Tage überschreitet, sie ein gültiges Rückflugticket vorweisen und sie seit 2011 nicht im Irak, Iran, Syrien oder Sudan gewesen sind. Vorgeschrieben ist ein maschinenlesbarer, noch für die Aufenthaltsdauer gültiger Reisepass mit biometrischen Daten (auch für Kinder, sonst benötigen sie ein Visum). USA-Reisende ohne Visum müssen sich mindestens 72 Stunden vor Einreise beim Online-Reisegenehmigungssystem ESTA

der US-Regierung registrieren (https://esta.cbp.dhs.gov; Gebühr 14 $, zahlbar mit Kreditkarte; kann auch über das Reisebüro erfolgen; 2 Jahre gültig).

Visa für Aufenthalte länger als 90 Tage werden nur nach persönlicher Vorstellung in der Botschaft oder einem Konsulat im Heimatland erteilt; Anmeldung einige Wochen vorab nötig.

ELEKTRIZITÄT
110 Volt Wechselstrom. Elektrische Geräte (Handy, Fön, Rasierapparat) passen sich meist automatisch an, aber für die Steckdose ist ein Adapter nötig, den man am besten schon zu Hause kauft.

FEIERTAGE
- New Year's Day: 1. Jan.
- Martin Luther King Day: 3. Montag im Jan.
- President's Day: 3. Montag im Febr.
- Memorial Day (Heldengedenktag): letzter Montag im Mai
- Independence Day (Unabhängigkeitstag): 4. Juli
- Labor Day (Tag der Arbeit): 1. Montag im Sept.
- Columbus Day: 2. Montag im Okt.
- Veterans Day (Soldatengedenktag): 11. Nov.
- Thanksgiving Day (Erntedankfest): 4. Donnerstag im Nov.
- Christmas Day: 25. Dez.

An den Feiertagen sind meist nur Behörden, Büros, manche Museen und die Postämter geschlossen. Läden und Shopping Malls bleiben geöffnet und bieten oft sogar Sonderverkäufe.

Fällt ein Feiertag auf einen Sonntag, ist der folgende Montag frei. An den langen Wochenenden von Memorial Day und Labor Day unternehmen viele Amerikaner einen Kurzurlaub, man sollte daher für diese *Holiday Weekends* die Unterkunft schon vorab buchen.

GELD UND WÄHRUNG
Landeswährung ist der US-Dollar ($) = 100 Cents (¢). Im Umlauf sind folgende Münzen: Penny (1 ¢), Nickel (5 ¢), Dime (10 ¢) und Quarter (25 ¢). Half-Dollar- und 1-Dollar-Münzen sind sehr selten. Banknoten gibt es im Wert von 1, 2, 5, 10, 20, 50 und 100 $. Da alle US-Banknoten gleich groß und von grünlicher Farbe sind, kann es v.a. am Anfang der Reise zu Verwechslungen kommen.

Die Ein- und Ausfuhr von Fremd- und Landeswährung ist in den USA keinen Beschränkungen unterworfen. Allerdings muss man beim Mitführen von Devisen im Wert von mehr als 10 000 $ eine Deklaration ausfüllen.

Eine gängige Kreditkarte ist für die USA fast unverzichtbar, zudem empfiehlt sich die Mitnahme von Reiseschecks und einem kleinen Dollar-Barbetrag. Dollar-Reiseschecks werden wie Bargeld angenommen. Kreditkarten werden praktisch überall akzeptiert, man erspart sich bei der Kfz-Anmietung die Hinterlegung einer Kaution, im Hotel entfällt eine Vorauszahlung und bei Notfällen, etwa stationär im Krankenhaus, ist man kreditwürdig. Mit EC/Maestro-Karte und PIN kann man an vielen Bankautomaten Bargeld abheben.

Europäische Währungen in bar werden nur an den Flughäfen, in speziellen Wechselstuben und in den großen Hotels umgetauscht – mit Gebühr und meist zu einem schlechten Kurs.

🔖 URLAUBSKASSE

- Tasse Kaffee: 1,50–2,50 €
- Softdrink: 1–1,30 €
- Glas Bier: 4–6 €
- Fastfood-Burger: 1–4 €
- Kugel Eis: 3–4 €
- Taxifahrt (pro km): 1,40 €
- Mietwagen/Tag: 30–40 €

INFORMATIONEN

Karten, Unterkunftsverzeichnisse und Veranstaltungskalender versenden die Vertretungen des Staates und einzelner Regionen/Städte in Deutschland:
- **Visit Florida:** c/o Denkzauber GmbH, Neustadt 13, 47809 Krefeld, Tel. 01805 311301 (0,14 €/Min. aus dem Festnetz, max. 0,42 €/Min. aus dem Mobilnetz), florida@denkzauber.de, www.visitflorida.com/de

Eigene Vertretungen in Deutschland, die über die jeweilige Region oder Stadt in Florida informieren, unterhalten folgende Tourismusverbände:
- **Visit Orlando:** Angelbergstr. 7, 56076 Koblenz, Tel. 0800 1007325 (geb.-frei aus D und AT) oder +49 261 9730673, VisitOrlando@t-online.de, www.visitorlando.com/GE-GL
- **Greater Fort Lauderdale Convention & Visitors Bureau:** c/o Lieb Management GmbH, Bavariaring 38, 80336 München, Tel. +49 89 689063830, www.sunny.org
- **Florida Keys & Key West:** c/o Get It Across Marketing, Neumarkt 33, 50667 Köln, Tel. +49 221 47671214, fla-keys@getitacross.de, www.fla-keys.de
- **Visit Panama City Beach:** c/o Lieb Management, Bavariaring 38, 80336 München, Tel. +49 89 45218617, www.visitpanamacitybeach.de
- **Naples – Marco Island – Everglades CVB:** c/o DiaMonde e.K., Königstr. 10b/6. OG, 70173 Stuttgart, Tel. +49 711 91257610, www.paradisecoast.de
- **The Beaches of Fort Myers & Sanibel:** c/o GCE Agency, Hanauer Landstr. 184, 60314 Frankfurt, Tel. +49 69 175371026, fortmyers-sanibel@gce-agency.com, www.fortmyers-sanibel.com/de
- **Bradenton – Anna Maria Island –Long Boat Key – Tampa:** c/o Vera H. Sommer Touristik Marketing, Hanauer Str. 6, 63739 Aschaffenburg, Tel. +49 6021 5839042, bradenton@touristiksommer.de, www.bradentongulfislands.de
- **Visit St. Petersburg / Clearwater:** Postfach 1806, 61288 Bad Homburg, Tel. +49 6172 38809480, Info@VisitSPC.de, www.visitstpeteclearwater.com/de
- **Visit Sarasota County:** c/o Lieb Management, Bavariaring 38, 80336 München, Tel. +49 89 45218621, www.visitsarasota.com

Vor Ort hilft die **Chamber of Commerce** oder – in größeren Städten – das **Convention & Visitors Bureau** weiter. Sehr hilfsbereit sind auch die Rangers in den **Visitor Centers** der State und National Parks (Tipps für Wanderungen, aktuelle Infos, Karten etc.).

INTERNET/E-MAIL

Viele Hotels stellen ihren Gästen in der Lobby Computer zur Verfügung. Für den eignen Laptop gibt es LAN oder WLAN (das in den USA *Wifi* heißt) im Zimmer für etwa 8–15 $ pro Tag. Günstiger zum E-Mail-Senden und -Abfragen sind die zahlreichen Webcafés, die Gebühr liegt hier bei etwa 2 $ je 10 Minuten.

KLEIDUNG

In Florida ist überwiegend legere Kleidung angesagt, lange Freizeithosen, Hemden oder Baumwollkleider sind auch abends in den meisten Lokalen akzeptabel, außer in gehobenen Hotels und Restaurants. Im puritanisch-familiensinnigen Amerika gibt man sich aber an den Stränden meist prüde: Gewagte Bikinis und Badehosen sind zwar bisweilen gern gesehen, aber zumeist tragen sogar die Herren bermudashortlange Badehosen. Barbusig bräunen ist verpönt, FKK nur in einigen wenigen Privatklubs erlaubt. An den etwas kosmopolitischeren Stränden wie etwa in Miami wird mittlerweile oben ohne geduldet. Überall sonst und besonders in ländlichen Regionen sieht sich, wer nahtlose Bräune sucht, schnell mit den staatlichen Ordnungshütern konfrontiert. > mehr S. 19 Punkt ㊺

NOTRUF
In ganz Florida kann man über die gebührenfreie Notrufnummer »911« oder den Operator »0« in allen Notfällen rund um die Uhr Hilfe rufen. Je nach Sachlage werden Polizei, Feuerwehr oder Notarzt geschickt.

Falls Sie sich in einer Notlage Geld von zu Hause nachsenden lassen müssen, so können Sie das über die Telegrafengesellschaft »Western Union« (in Deutschland vertreten durch die Postbank) veranlassen, die meist innerhalb von 24 Stunden telegrafische Überweisungen ausführt.

ÖFFNUNGSZEITEN
Die meisten Geschäfte sind Mo-Sa 9/10 bis 18 Uhr geöffnet, die Shopping Malls 10-19 Uhr, Do-Sa auch bis 21 Uhr und So 12-17 Uhr. Manche Restaurants und Lebensmittelläden halten ihre Türen oft sieben Tage die Woche rund um die Uhr offen. Banken sind in Florida im Allgemeinen 9-15 Uhr, Museen 10-16 Uhr geöffnet und häufig montags geschlossen. Am Sonntag öffnen viele Museen erst gegen Mittag. Die großen Vergnügungsparks und Ozeanarien haben dagegen täglich mindestens bis 18 Uhr, an Wochenenden und in der Hochsaison bis 21 Uhr oder gar bis Mitternacht geöffnet.

POST
Postämter sind meist Montag bis Freitag 8-18 Uhr geöffnet, samstags 8 bis 12 Uhr. Die Laufzeit für eine Karte in die Heimat beträgt etwa 5-7 Tage. Wichtige Post oder Pakete können Sie auch mit den privaten Diensten »Federal Express« oder »UPS« versenden.

RAUCHEN
Die USA haben strenge Nichtrauchergesetze, in Florida ist das Rauchen in öffentlichen Gebäuden und Verkehrsmitteln, in Taxis sowie in Restaurants und Cafés, die Speisen servieren, strikt ver-

---

💬 MASSE & TEMPERATUREN

Länge
- 1 inch (in.) = 2,54 cm
- 1 foot (ft.) = 12 inches = 30,48 cm
- 1 yard (yd.) = 3 feet = 91,44 cm
- 1 mile (mi.) = 1,609 km

Gewicht
- 1 ounce (oz.) = 28,35 g
- 1 pound (lb.) = 16 ozs. = 453,6 g
- 1 stone (st.) = 14 lbs. = 6,35 kg
- 1 quarter (qr.) = 25 lbs. = 11,339 kg
- 1 hundredweight = 4 qrs. = 45,359 kg
- 1 ton (t) = 2000 lbs. = 907 kg

Volumen
- 1 gill (gl.) = 0,118 Liter
- 1 pint (pt.) = 4 gills = 0,473 Liter
- 1 quart (qt.) = 2 pints = 0,946 Liter
- 1 gallon (gal.) = 4 quarts = 3,785 Liter

Temperatur
14 ° Fahrenheit = −10 ° Celcius
32 ° Fahrenheit = 0 ° Celcius
50 ° Fahrenheit = 10 ° Celcius
59 ° Fahrenheit = 15 ° Celcius
68 ° Fahrenheit = 20 ° Celcius
77 ° Fahrenheit = 25 ° Celcius
86 ° Fahrenheit = 30 ° Celcius

boten, oft auch in Bars und Kneipen. Viele Lokale bieten aber Raucherplätze im Freien. In Hotels, in denen *no smoking* nicht eindeutig ausgewiesen ist, sollte man nach Raucher- bzw. Nichtraucherzimmern fragen. In B&B-Inns ist das Rauchen i.d.R. nicht gestattet.

SICHERHEIT
Florida gehört in den USA zu den Staaten mit hoher Verbrechensrate. Während die Strandregionen generell sicher sind, sollten Sie v. a. im Gebiet um den Flughafen von Miami sehr vorsichtig sein. Studieren Sie vorab eine Straßenkarte und legen Sie Ihren Flug so, dass Sie nicht spätabends ankommen. Allgemein gilt – wie überall in den USA: Fahren Sie nicht nachts durch schlecht beleuchtete, ärmere Wohnviertel, bleiben Sie auf belebten Straßen und lassen Sie nichts im geparkten Auto liegen. Und hüten sie sich vor Streit: Das Tragen von Waffen zur Selbstverteidigung ist erlaubt und üblich.

STEUER
Die Mehrwertsteuer, genannt *sales tax*, ist in den USA nie im ausgeschilderten Preis oder auf der Speisekarte enthalten, sondern wird erst beim Bezahlen an der Kasse des Geschäftes, Restaurants oder Hotels zum Rechnungsbetrag addiert. In ganz Florida gilt eine Verkaufssteuer von 6 %, einzelne Bezirke und Städte dürfen noch Zusatzsteuern von bis zu 1,5 % erheben.

TELEFON
Europäische Triband- und Quad-Handys funktionieren in Florida – allerdings mit teils saftigen Aufschlägen. Es ist preiswerter, Ferngespräche über eine US-Telefonkarte abzuwickeln *(prepaid long distance phone card)*, erhältlich an Zeitungsständen und in kleinen *convenience stores*. So kostet die Minute nach Europa nur 5–15 Cents.

Öffentliche Telefone findet man in Restaurants, Hotels und an Tankstellen. Ortsgespräche *(local calls)* sind völlig problemlos: Hörer abheben, 25–35 ¢ einwerfen und die (immer siebenstellige) Nummer wählen. In Großstädten mit mehreren Vorwahlen muss vorab der jeweils dreistellige *area code* gewählt werden. Die örtliche Auskunft erreicht man unter der Nummer »411«. Für Ferngespräche *(long-distance calls)* wählt man zuerst »1« und die dreistellige Vorwahlnummer. Auch Auslandsgespräche *(overseas calls)* kann man direkt führen. Vorwahl: Deutschland 0 11 49, Österreich 0 11 43, Schweiz 0 11 41 – dann Ortsvorwahl ohne die erste Null, dann die Teilnehmernummer. Bei Fragen hilft der *operator* unter der »0«. Hotels, Autovermieter etc. haben zur Reservierung oft kostenlose 1-800-, 866-, 877- oder 888- Nummern.

TRINKGELD
In Restaurants ist das Bedienungsgeld nicht im Preis inbegriffen. Daher lässt man etwa 15 % des Rechnungsbetrages am Tisch liegen oder zählt sie auf dem Kreditkartenbeleg hinzu. Der *tip* ist nicht als Trinkgeld im herkömmlichen Sinne zu verstehen, sondern als Lohn für die Bedienung. Kofferträgern gibt man 1–2 $ pro Gepäckstück, Zimmermädchen hinterlässt man bei der Abreise 1–2 $ pro Aufenthaltstag.

ZOLL
Gegenstände für den persönlichen Gebrauch können zollfrei eingeführt werden, ferner 200 Zigaretten und 1 Liter alkoholische Getränke und Geschenke im Wert von 100 $. Blumen und frische Lebensmittel (Obst, Wurst) dürfen nicht eingeführt werden. Für die Wiedereinreise ins Heimatland ist außer den gesetzlichen Freimengen zu beachten, dass Geschenke den Wert von 430 € bzw. 300 CHF nicht übersteigen dürfen.

REGISTER

Ah-Tah-Thi-Ki Museum 101
Alfred B. Maclay State Gardens 139
Amelia Island 113
Anastasia Island 112
Anna-Maria Island 125
Apalachicola 139
Art déco 60
Artesische Quellen 46, 84, 135

Bahia Honda Key 56
Big Cypress National Preserve 59
Big Cypress Reservation 101
Big Pine Key 77
Biscayne N.P. 69
Blue Spring S.P. 84
Boca Grande 117, 146
Boca Raton 101
Bok Tower Gardens 85
Bradenton 124

Cabbage Key 117
Caladesi Island 34, 123
Camping 37
Canaveral National Seashore 106
Cape Canaveral 105
Cape Coral 127
Captiva Island 129
Cayo Costa 117
Cedar Key 136
Clearwater 123
Clearwater Beach 33, 123
Cocoa Beach 105
Cocoa Village 105
Collier-Seminole S.P. 131
Corkscrew Swamp Sanctuary 131
Crystal River 12, 75, 135
Cypress Gardens 98

Daytona Beach 33, 108
Delray Beach 101
Ding Darling Wildlife Refuge 13, 129
Diplomatische Vertretungen 150
Dry Tortugas N.P. 81

Eden Gardens S.P. 142
Edison, Thomas A. 127, 128
Einreise 150
Estero Island 127
Everglades 11, 44, 55, 57, **72**, 101
Everglades City 73
Everglades N.P. 45, 72

Fernandina Beach 113
Flagler Beach 147
Flagler, Henry M. 43, 60, 102, 111
Flamingo 73
Florida Caverns S.P. 134
Florida City 56
Florida Keys 55, 56, 74, 80
Ford, Henry 127
Fort De Soto Park 34, 123
Fort Lauderdale 98
Fort Matanzas 84
Fort Myers 127
Fort Myers Beach 33, 127
Fort Pierce 147
Fort Walton Beach 142

Ginnie Springs 74
Golfsport 32
Grassy Key 76
Grayton Beach 34
Gulf Islands National Seashore 143

Hemingway, Ernest 47, 79
Homosassa Springs 135

Hurrikans 25
Hutchinson Island 147

Indian Key S.P. 76
Islamorada 76

Jack Island 147
Jacksonville 113
Jensen Beach 147
John Pennekamp Coral Reef S.P. 73
Juniper Springs 98

Kennedy Space Center 106
Key Largo 73
Key West 47, 71, **77**
Kissimmee 89

Lake Okeechobee 45, 86
Lido Key 117
Little Torch Key 77
Longboat Key 125
Looe Key 77
Lovers Key S.P. 127

Madeira Beach 116
Manatee Springs S.P. 148
Manatis 45, 75, 135
Marathon 76
Marco Island 130
Marianna 134
Marineland of Florida 84
Melbourne 145
Menéndez de Avilés, Pedro 42, 110
Merritt Island 106
Miami 55, **59**, 63
- Adrienne Arsht Center 64
- Barnacle Historic State Park 66
- Bayfront Park 64
- Bayside Marketplace 64

- Bill Baggs Cape Florida S.P. 34, 65
- Calle Ocho 64
- Coconut Grove 65, 71
- Collins Avenue 62
- Coral Gables 66
- Jungle Island 64
- Key Biscayne 65
- Little Havana 64
- Metro-Dade Cultural Center 64
- Miami Seaquarium 65
- Pérez Art Museum 64
- Villa Vizcaya 65
- Wynwood 64

Miami Beach 55, **59**, 61, 70
- Art Deco District 47, 61
- Bass Museum of Art 62
- Holocaust Memorial 62
- New World Symphony 13, 62
- Ocean Drive 61
- South Beach 61
- Wolfsonian 62

Mount Dora 124
Myakka River S.P. 126

N
aples 130
Notruf 153

O
cala 85
Ocala National Forest 98
Öffentliche Verkehrsmittel 28
Öffnungszeiten 153
Okeechobeey 86
Orlando 83, **88**
- Church Street 89
- Disney's Animal Kingdom 92
- Disney's Hollywood Studios 93
- Epcot 92
- Gatorland 94
- Holy Land Experience 95
- International Drive 89
- Islands of Adventure 93
- Lake Buena Vista 89
- Magic Kingdom 91
- Sea World 94
- Universal Studios Florida 93
- Water Parks 95
- Winter Park 89

Ormond Beach 147
Overseas Highway 56, 73

P
addelsport 31
Pahokee 86
Palm Beach 101
Panama City 134
Panama City Beach 140
Panhandle 133
Pass-a-Grille Beach 123
Pebble Hill Plantation 139
Pelican Island 104
Pensacola 143
Pinellas Suncoast 122
Plant, Henry B. 43, 119
Ponce de León, Juan 42, 110, 119
Punta Gorda 146

R
adfahren 32
Ringling, John N. 125

S
alt Springs 98
Sanibel Island 129
Santa Rosa Island 143
Sarasota 125
Sawgrass Mills Mall 100
Sawgrass Recreation Park 101
Seaside 142
Sebring 86
Seven Mile Bridge 16, 56
Shark Valley 58
Shell Island 141
Silver Glen Springs 98
Silver Springs, Ocala 13, 85
Sinkholes 11
Sopchoppy 134
Space Coast 86
Spring Break 108
St. Andrews S.P. 142
St. Augustine 110
St. George Island 134
St. Joseph Peninsula S.P. 134
St. Petersburg **122**
- Dalí Museum 16, 122
- Morean Arts Center 122
- Museum of Fine Arts 122
- St. Petersburg Museum of History 122
- The Pier 122

St. Petersburg Beach 123
Sunshine Skyway Bridge 17, 116, 124
Surfen 31

T
allahassee 138
Tampa **119**
- Busch Gardens 13, 121
- Channelside 119
- Florida Aquarium 119
- Henry B. Plant Museum 119
- Old Hyde Park Village 119
- Ybor City 119

Tarpon Springs 116
Telefonieren 154
Tennis 32
Ten Thousand Islands 57, 73, 131
Themenparks 48, 89

U
niversal Orlando 93
Useppa Island 117

V
ero Beach 104

W
akulla Springs S.P. 139
Walt Disney World Orlando 91
Weeki Wachee Springs 17, 136
West Palm Beach 103

Z
ollbestimmungen 154

BILDNACHWEIS

Coverfoto: Surfer, Miami, Florida © Jahreszeiten Verlag/Lengler, Gregor
Fotos Umschlagrückseite: Getty Images/Unger, Peter (links); Shutterstock/Inspired By Maps (Mitte); Shutterstock/Hainer, Rob (rechts)

Catch-the-Day/Braunger: 77, 89; Fotolia/Casey, Cheryl: 135; Fotolia/Khoroshunova, Olga: 81; Getty Images/LightRocket/Machado, Roberto: 70; Getty Images/Unger, Peter: 20/21; Huber Images/Kremer, Susanne: 52/53, 61; Huber Images/Schmid, Reinhard: 66, 123; imago/Prod.DB: 43; imago/ZUMA Press: 18; Jahreszeiten Verlag/Lengler, Gregor: 9, 38/39, 54, 65, 114, 132, 144; laif/Le Figaro Magazine/Caron, Sarah: 6/7; laif/Modrow, Jörg: 94; Jahreszeiten Verlag/Lengler, Gregor: 10, 24; Lookphotos/age fotostock: 16, 102; mauritius images/age fotostock/Greenberg, Jeff: 35; mauritius images/age fotostock/Schwabel, James: 109; mauritius images/Alamy: 31; mauritius images/Alamy/Hoetink, Robert: 15; mauritius images/Alamy/Sessions, Helen: 92; mauritius images/Delimont, Danita: 130; Seasons Agency/Jalag/Lengler, Gregor: 17, 33; Shutterstock/Balaguer, Tono: 82; Shutterstock/Barnwell, L.: 138; Shutterstock/Cavalleri, Richard: 99; Shutterstock/egd: 22; Shutterstock/Hainer, Rob: 141; Shutterstock/Inspired By Maps: 14; Shutterstock/kesterhu: 125; Shutterstock/Liquid Productions, LLC: 12; Shutterstock/Padovana, Daniel: 48; Shutterstock/Wagner, Chuck: 40; Shutterstock/Zarivny, Andrew: 149; Teuschl, Karl: 8, 29, 30, 74, 78, 84, 107, 115; Unsplash/Shutin, Alex: 146; von Löffelholz, Sabine: 37, 46, 72, 111, 112, 127; Wikipedia/Gordon Tarpley/CC BY 2.0: 13; Wrba, Ernst: 44.

Liebe Leserin, lieber Leser,
wir freuen uns, dass Sie sich für diesen POLYGLOTT on tour entschieden haben.
Unsere Autorinnen und Autoren sind für Sie unterwegs und recherchieren sehr gründlich, damit Sie mit aktuellen und zuverlässigen Informationen auf Reisen gehen können.
Dennoch lassen sich Fehler nie ganz ausschließen. Wir bitten Sie um Verständnis, dass der Verlag dafür keine Haftung übernehmen kann.

Ihre Meinung ist uns wichtig. Bitte schreiben Sie uns:
GRÄFE UND UNZER VERLAG
Postfach 86 03 66, 81630 München, Tel. 0 89 / 419 819 41
www.polyglott.de

LESERSERVICE
polyglott@graefe-und-unzer.de
Tel. 0 800 / 72 37 33 33 (gebührenfrei in D, A, CH), Mo–Do 9–17 Uhr, Fr 9–16 Uhr

1. Auflage 2019

© 2019 GRÄFE UND UNZER VERLAG GmbH, München
Dieses Buch wurde auf chlorfrei gebleichtem Papier gedruckt.
ISBN 978-3-8464-0330-3

Alle Rechte vorbehalten. Nachdruck, auch auszugsweise, sowie die Verbreitung durch Film, Funk, Fernsehen und Internet, durch fotomechanische Wiedergabe, Tonträger und Datenverarbeitungssysteme jeglicher Art nur mit schriftlicher Genehmigung des Verlages.

Bei Interesse an maßgeschneiderten B2B-Editionen:
gabriella.hoffmann@graefe-und-unzer.de

Bei Interesse an Anzeigen:
KV Kommunalverlag GmbH & Co KG
Tel. 0 89 / 928 09 60
info@kommunal-verlag.de

Verlagsredaktion: Anne-Katrin Scheiter
Autor: Karl Teuschl
Redaktion: Christian Steinmaßl
Bildredaktion: Dr. Nafsika Mylona
Mini-Dolmetscher: Langenscheidt
Umschlaggestaltung & Layout:
Independent Medien Design, München
Horst Moser (Artdirection), Lucie Heselich
Karten und Pläne: Theiss Heidolph und Kunth Verlag GmbH & Co. KG
Satz: Tim Schulz, Mainz
Herstellung: Anna Bäumner
Druck und Bindung:
Printer Trento, Italien

Ein Unternehmen der
GANSKE VERLAGSGRUPPE

MINI-DOLMETSCHER ENGLISCH

ALLGEMEINES

Guten Morgen.	Good morning. [gud **mohr**ning]
Guten Tag. (nachmittags)	Good afternoon. [gud äfter**nuhn**]
Hallo!	Hi! [hai]
Wie geht's?	How are you? [hau **ahr**_ju]
Danke, gut.	Fine, thank you. [**fain**, θänk_ju]
Ich heiße ...	My name is ... [mai **nehm**_is]
Auf Wiedersehen.	Bye-bye. [baibai]
Morgen	morning [**mohr**ning]
Nachmittag	afternoon [äfter**nuhn**]
Abend	evening [**ihw**ning]
Nacht	night[nait]
morgen	tomorrow [tu**morr**oh]
heute	today [tu**deh**]
gestern	yesterday[**jes**terdeh]
Sprechen Sie Deutsch?	Do you speak German? [du_ju spihk **dseh**ö**hr**mən]
Wie bitte?	Pardon? [**pahr**dn]
Ich verstehe nicht.	I don't understand. [ai **dohnt** anderständ]
Würden Sie das bitte wiederholen?	Would you repeat that please? [wud_ju ri**piht** ðät, **plihs**]
bitte	please [**plihs**]
danke	thank you [**θänk**_ju]
Keine Ursache.	You're welcome. [johr **wäll**kamm]
was / wer / welcher	what / who / which [wott / huh / witsch]
wo / wohin	where [wäər]
wie / wie viel	how / how much [hau / hau **matsch**]
wann / wie lange	when / how long [wänn / hau **long**]
Wie heißt das?	What is this called? [**wott**_is ðis kohld]
Wo ist ...?	Where is ...? [**wäər**_is ...]
Können Sie mir helfen?	Can you help me? [kän_ju **hälp**_mi]
ja	yes [jäss]
nein	no [noh]
Entschuldigen Sie.	Excuse me. [iks**kjuhs** mi]
Gibt es hier eine Touristeninformation?	Is there a tourist information? [is_ðər_ə **tua**rist infərmehschn]
Haben Sie einen Stadtplan?	Do you have a city map / a list of hotels? [du_ju häw_ə **ßi**ti mäpp]
Rufen Sie bitte die Polizei.	Please call the police. [**plihs** ðə pə**lihs**]

SHOPPING

Wo gibt es ...?	Where can I find ...? [wäə kən_ai **faind** ...]
Wie viel kostet das?	How much is this? [**hau**_matsch is_ðis]
Das ist zu teuer.	This is too expensive. [ðis_is **tuh** ikspännßiw]
Das gefällt mir (nicht).	I like it. / I don't like it. [ai **laik**_it / ai **dohnt laik**_it]
Wo ist eine Bank?	Where is a bank? [**wäər**_is ə_**bänk**]
Ich suche einen Geldautomaten.	I am looking for an ATM. [aim **lucking** fər_ən **ätihem**]
Geben Sie mir zwei Pfund (ca. 900 g) Tomaten.	Could I have two pounds of tomatoes. [kud_ai häw **tuh paunds**_əw tə**mäi**tohs]
Haben Sie deutsche Zeitungen?	Do you have German newspapers? [du_ju häw **dseh**ö**hr**mən **nuh**spehpers]

ESSEN UND TRINKEN

Die Speisekarte, bitte.	The menu please. [ðə **männ**ju plihs]
Brot	bread [bräd]
Kaffee	coffee [**koff**i]
Tee	tea [tih]
mit Milch / Zucker	with milk / sugar [wið_**milk** / **schugg**er]
Orangensaft	orange juice [**orr**ən**dseh**_**dseh**uhs]
Mehr Kaffee, bitte.	Some more coffee please. [ßəm_moh **koff**i plihs]
Suppe	soup [ßuhp]
Fisch	fish [fisch]
Meeresfrüchte	seafood [**ßih**fud]
Fleisch	meat [miht]
Geflügel	poultry [**pohl**tri]
Beilage	sidedish [**ßaid**disch]
vegetarische Gerichte	vegetarian food [wä**dsehə**t**ä**riən fud]
Eier	eggs [ägs]
Salat	salad [**ßä**ləd]
Dessert	dessert[di**ßöhrt**]
Obst	fruit [fruht]
Eis	ice cream [ais **krihm**]
Wein	wine [wain]
weiß / rot / rosé	white / red / rosé [wait / räd / **roh**seh]
Bier	beer [bir]
Mineralwasser	mineral water [**minn**rəl wohder]
Ich möchte bezahlen.	The check, please. [ðə **tscheck**, plihs]

MEINE ENTDECKUNGEN

Teilen Sie Ihre Entdeckungen auf facebook.com/Polyglottreisewelt.

CHECKLISTE FLORIDA

Nur da gewesen oder schon entdeckt?

☐ **PASTELLKULISSEN UND PALMEN**
Typischer kann Florida nicht sein: In South Beach Miami schaffen klassische Art-déco-Fassaden in sanften Farben den perfekten Einstieg für die Florida-Reise. > S. 61

☐ **ALLIGATOREN AM RADWEG**
Imposante Panzerechsen können entlang der Trails im Everglades National Park überall sein. Ein faszinierender Naturraum mit einmaliger Fauna und Flora. > S. 72, 85

☐ **HIGHTECH FÜR DEN FERIENSPASS**
Nirgends ist neueste Spiele-Technologie so packend wie bei der wilden 3-D-Fahrt der Transformers in den Universal Studios Florida in Orlando. > S. 93

☐ **BRAVO ZUM SONNENUNTERGANG**
Es darf geklatscht werden bei der allabendlichen Sunset Celebration am Mallory Square in Key West. Einen Platz an der Waterfront sollte man sich rechtzeitig sichern! > S. 78

☐ **ALLES UNTER KONTROLLE**
Bei der Space Center Tour durch den Weltraumbahnhof Cape Canaveral beeindruckt der Shuttle-Kontrollraum besonders. Hier wurde Geschichte gemacht. > S. 107

☐ **SURREALES AN DER TAMPA BAY**
Das Dalí Museum in St. Petersburg ist »der« Kunsttempel im Sunshine State: Allein schon die bizarren Glasblasen des Museumsbaus sind echte Hingucker. > S. 123

☐ **KEIN SAND IM GETRIEBE**
Daytona Beach ist berühmt fürs Autofahren am über 30 km langen Strand und für die Bike Week mit Tausenden chromglänzenden Harleys. > S. 108

🔊 MITBRINGSEL

- Pastellfarbene **Art-déco-Poster** vom Welcome Center in South Beach Miami > S. 61
- Coole **Baseballcaps** von Klubs wie Miami Heat, Miami Dolphins oder Orlando Magic > S. 51